1. 河北省教育科学研究"十四五"规划 2021 年度立项课题，课题名称：高等职业院校大数据与会计高水平专业群课程建设研究，立项编号：2105038

2.2022 年度河北省社会科学发展研究课题，课题名称：河北省区域协调发展水平测度及影响因素研究，青年课题，课题编号：20220303100

3.2023 年度河北省高等学校科学研究计划项目，项目名称："双高"背景下高职院校电子商务专业群建设路径研究，人文社科自筹经费项目，项目编号：SQ2023011

大数据时代
企业会计
创新策略研究

刘义龙　庄　震◎著

中国原子能出版社

图书在版编目（CIP）数据

大数据时代企业会计创新策略研究 / 刘义龙, 庄震著. -- 北京：中国原子能出版社, 2023.4
ISBN 978-7-5221-2682-1

Ⅰ.①大… Ⅱ.①刘… ②庄… Ⅲ.①企业会计—研究 Ⅳ.①F275.2

中国国家版本馆CIP数据核字(2023)第072368号

内容简介

大数据是互联网发展到一定阶段的产物，其发展与应用使经济社会中的数据种类和规模得到了前所未有的增长，给企业带来巨大影响，已经成为一个时代的标志。本学术著作从大数据和企业会计的基本内容介绍出发，在深入剖析大数据对企业会计影响的基础上，进一步阐述了大数据时代企业会计创新方向，为后文的研究奠定了基础。本书结合大数据时代企业会计创新相关理论，重点对大数据时代企业财务会计创新策略、企业管理会计创新策略、企业财务会计与管理会计融合发展策略以及企业会计人才队伍建设创新策略展开了详细地研究，最后对大数据时代企业会计创新进行了总结与展望。

大数据时代企业会计创新策略研究

出版发行　中国原子能出版社（北京市海淀区阜成路43号　100048）
责任编辑　白皎玮
装帧设计　河北优盛文化传播有限公司
责任印制　赵　明
印　　刷　北京天恒嘉业印刷有限公司
开　　本　710 mm×1000 mm　1/16
印　　张　16.5
字　　数　255千字
版　　次　2023年4月第1版　　2023年4月第1次印刷
书　　号　ISBN 978-7-5221-2682-1　　定　价　98.00元

前　言

当今世界，得益于互联网的发展，社会中的数据种类和规模得到了前所未有的增长，标志着大数据时代的正式到来。大数据背后蕴含巨大的商业价值，无处不在的信息感知和采集终端为企业采集了海量数据，而以云计算为代表的计算技术的不断进步，为企业提供了强大的数据计算能力。因此，如何有效地利用大数据技术已经成为企业优化管理活动，实现进一步发展所需要思考的命题。会计是企业管理活动的重要组成部分，企业会计通过其监督和反映职能，规范企业行为，提供有关企业财务状况、经营成果和现金流量方面的信息，这些信息是企业进行经营管理决策的依据。大数据时代下，企业会计也面临着新的机遇和挑战，会计信息的展现、获得与利用的方式发生了很大改变，作为企业经营数据的收集者，会计人员不再只关注会计科目核算的"小数据"，而是聚焦贯穿整个企业价值链的会计大数据，通过数据信息分析，引领企业实现新价值创造。

本书立足大数据时代背景，结合企业会计相关理论，对大数据时代企业会计创新策略展开了详细深入的研究，具体包括以下七个章节。

第一章内容主要包括大数据概述、企业会计基本内容和大数据时代企业会计创新相关理论。总结了大数据的内涵与特征、起源与发展历程并介绍了大数据产业，研究了企业财务会计、管理会计的基本内容和两者之间的联系与区别，最后阐述了大数据时代企业会计创新的相关理论。本章内容是本书的研究基础，为后文研究大数据时代企业会计创新的详细策略奠定了理论基础。

第二章重点分析了大数据对企业会计的影响，从理论与现实两个角度对大数据时代企业会计创新的意义进行了阐述，最后明确了大数据时代企业会计创新的方向，为后文研究企业会计创新的具体策略提供了思路。

第三章立足企业财务会计角度，从财务会计目标创新、财务会计信息化建设创新和财务会计报告创新三个方面，对大数据时代企业财务会计创新策略展开了详细研究，是对大数据时代企业财务会计工作的重塑。

第四章立足企业管理会计角度，从企业业财融合创新、企业预算管理创新、企业成本管理创新和企业风险管理创新四个方面，对大数据时代企业管理会计创新策略展开了详细研究，是对大数据时代企业管理会计工作的重塑。

第五章立足企业财务会计与管理会计融合发展，从技术融合、工作融合和管理融合三个方面对大数据时代企业财务会计与管理会计融合发展策略展开了深入的研究。其中企业财务会计与管理会计技术融合发展策略在于建立数智化的企业财务体系；企业财务会计与管理会计工作融合发展策略在于重塑企业会计工作的整体流程；企业财务会计与管理会计管理融合发展策略在于健全企业财务管理制度。

第六章从企业会计人才队伍建设目标与原则、企业会计人才选拔与培养、企业会计人才考核与激励三个角度对大数据时代企业会计人才队伍建设创新策略进行了深入的研究，旨在为大数据时代企业会计创新工作的开展提供人才保障。

第七章对大数据时代企业会计创新策略研究进行总结与展望，在总结大数据时代企业财务会计创新策略、企业管理会计创新策略、企业财务会计与管理会计融合发展策略、企业会计人才队伍建设创新策略的同时，对会计智能化发展和新时代企业会计人才培养进行了展望。

其中河北软件职业技术学院刘义龙担任第一作者,撰写了第一章,第二章,第三章,第四章内容,共计 15.3 万字;国家广播电视总局无线电台管理局庄震担任第二作者,撰写了第五章,第六章,第七章内容,共计 10.2 万字。

目　录

第一章　绪论

　　大数据带来的是空前的信息大爆炸，不仅改变了数据应用模式，还深深影响着人们的生产生活。身处于大数据时代，企业需要正确认识到大数据已经将数据分析的认识从"向后分析"变成"向前分析"，改变了人们的思维模式，但同时大数据也向企业数据采集、分析和使用工作发出了挑战。企业会计正是以数据为核心开展相关工作的，无论是企业财务会计还是管理会计，其工作目标都是提供信息给相关使用者。要想开启大数据时代企业会计创新策略研究，首先需要对大数据与企业会计基本内容有一个初步的了解。本章内容主要包括大数据概述、企业会计基本内容和大数据时代企业会计创新相关理论，是本书的研究基础，为后文研究大数据时代企业会计创新的详细策略奠定了理论基础。

第一节　大数据概述

一、大数据的内涵与特征

（一）大数据的内涵

　　大数据通常被用来描述在信息爆炸时代所产生的海量数据，同时也代指相关技术的发展和创新。目前，各界对于大数据这一概念还没有一个统一的定义。百度百科将大数据定义为所涉及的资料量规模巨大到无法透过目前主流软件工具，在合理时间内达到撷取、管理、处理、并整理成为帮助企业经营决策更积极目的的资讯。全球管理咨询公司麦肯锡将大数据下的定义为一种规模大到在获取、存储、管理、分析方面大大超出了传统数据库软件工具能力范围的数据集合，具有海量的数据规模、快速的数据流转、多样的数据类型和价值密度低四大特征。2014 年，我国工业和信息化部电信研究院发布《大数据白皮书（2014 年）》，其中将大数据定义为具有体量大、结构多样、时效强等特征的数据，处理大数据需采用新型计算架构和智能算法等新技术。无论何种定义，大数据的本质都是一个海量的数据集合，且已经超出传统技术的管理范围。不过这个数据集合既可以是一个真实而有限的数据集合，如某个企业所拥有的客户数据库，也可以是一个虚拟而无限的数据集合，如微博、微信等网络社交平台中的所有数据。

从资源层面来说，大数据是一种新的生产资源，已经成为整个经济发展的重要生产要素。1965 年，摩尔定律由英特尔创始人之一戈登·摩尔（Gordon Moore）提出。其内容为：当价格不变时，集成电路上可容纳的元器件的数目，约每隔 18～24 个月便会增加一倍，性能也将提升一倍。换言之，每一美元所能买到的电脑性能，将每隔 18～24 个月翻一倍以上。在摩尔定律的驱动下，计算存储和数据传输能力快速发展，特别是 20 世纪末以来更是呈现指数增长。进入 21 世纪后，以 Hadoop 为代表的分布式存储与计算技术迅速崛起，大大增强了互联网企业的数据管理能力，数据的发掘与利用的深入令整个经济社会开始重新认识数据的价值，并开始将其作为一种特殊的战略资源来看待。在此背景下，世界各国都已充分认识到大数据对于国家的战略意义，并早早开始布局。国家间的竞争将从资本、土地、资源的争夺转变为技术、数据、创新的竞争。例如，美国的稳步实施"三步走"战略，打造面向未来的大数据创新生态；法国通过发展创新型解决方案并应用于实践来促进大数据发展；韩国以大数据等技术为核心应对第四次工业革命。值得一提的是，我国也在积极布局实施国家大数据战略，加快建设数字中国。

从技术层面来说，大数据是全新的数据管理和分析技术代表。传统数据管理和分析技术主要采用结构化数据作为管理对象，主要针对小数据集进行分析，多采用集中式架构，这样做的成本相对较高。而起源于互联网并以分布式架构为主的大数据技术，主要针对多源异构数据的超大规模数据集进行分析，其数据管理技术叠加开源软件，可以在显著提升数据处理效率的同时极大地减少数据应用成本。另外，大数据技术能够揭示传统技术方式难以展现的关联关系，推动数据开放共享，促进经济社会的数据融合和资源整合，为有效处理复杂经济社会问题提供新的手段。

从应用层面来说，大数据是一种以数据为核心的解决方案，通常是由数据采集、建模分析、效果评估、反馈修正等各环节共同构成的一个完整的"数据闭环"。在数据驱动下，政府、企业等主体的管理决策都可以依据数据分析结果更加科学而准确，如企业在量化股票交易和实时竞价广告这样的情景下，也可基于数据交由机器进行直接决策。大数据的应用十分广泛，例如，通过大数据可以实现精准营销，商家根据消费者的过往习性和喜好提前配备生产所需的物料，确保生产的精细化，同时还可以预测消费趋势，统计出不同地域消费者的习惯和特点。还有科学家可以利用大数据技术对基因研究的全过程加速，更快地获得研究成果，并且还能帮助人类在未来克服更多疾病。总之，无论是发展数字经济，还是建设数字政府、智慧城市、智慧社会，都需要实现数据资源的跨部门、跨地区、跨行业、跨系统、跨层级的有序汇聚和共享，还有数字城乡等数字化转型场景也需要发挥大数据的赋能、创新和带动作用。

（二）大数据的特征

大数据具有数据量大、数据种类多、数据价值密度低、数据产生和处理速度快这四大特征（如图1-1所示），这四大特征是出自全球最著名的管理咨询公司麦肯锡公司对大数据的定义，目前已被广泛接受。

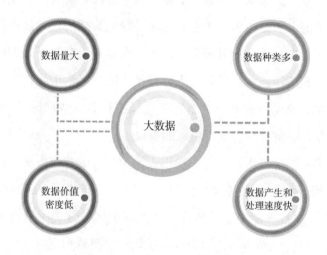

图1-1　大数据的特征

1.数据量大

数据量大是大数据最显著的特征。我们生活在一个数字时代，人们日常生活中的衣、食、住、行，还有社交活动等都会产生大量数据，且这些数据的产生不以人的意志为转移。随着物联网的推广和普及，各种传感器和摄像头将遍布我们工作和生活的各个角落，这些设备时刻成为数据的获取来源，手机、平板电脑等都是各种数据的承载方式。例如，一个人如果想要网购一件衣服，可以通过手机进行关键词搜索，网络购物平台会根据其搜索结果获取其衣物购买需求的数据，并根据以往消费习惯向其推荐可能喜欢的衣服，这个人可以选择下单、支付完成、填写地址、等待收货。这整个搜索和消费过程会产生大量的数据，包括个人消费需求数据、消费偏好数据、支付信息数据、地址信息数据、购物记录数据等。这仅仅是单一个体的一次小小的网购行为所产生的数据，可以想象全球每天会产生多少数量庞大的数据。因此，大数据已经从 GB 或 TB 为单位来衡量，转变为以 PB、EB、ZB，甚至 YB 或 BB 为计量单位，这种计量单位的跃升直接体现出大数据的数据量之大。

2.数据种类多

大数据具有多种数据类型。大数据不只表现为数据数量上的剧增，而且表现为数据类型的增加。大数据的数据类型可以分为结构化、半结构化和非结构化三种。

（1）结构化数据通常指可采用关系型数据库进行表达与存储、可采用二维表进行逻辑表达的数据。在结构化数据中，数据是作为行为单位出现的，一行数据表示一个实体信息，每行数据具有相同属性，存入数据库中。这些数据既可以使用数字、符号等统一结构进行表达，又可以使用二维表结构进行逻辑表达。

（2）半结构化数据是结构化数据的形式之一，结构化数据一般是先有结构后有数据的情况，半结构化数据一般是先有数据后有结构。半结构化数据与关系型数据库或其他数据表形式相联系的数据模型结构并不一致，但其包含有关标记，用于隔开语义元素并对记录与字段进行分层，其数据结构与内容混在一起无明显区别，所以也有自描述结构之称。从本质上来说，半结构化数据指处于完全结构化数据与完全无结构数据之间，如 HTML 文档、JSON、XML 以及部分 NoSQL 数据库都是半结构化数据。

（3）非结构化数据是指不具有固定结构的数据，通常直接作为一个整体以二进制数据格式来保存。非结构化数据来源广泛。例如，人为产生的各类文本文件、电子表格、演示文稿、电子邮件、日志等；微博、微信等社交媒体平台上的聊天、语音信息等；多种媒体上的数码照片、音频文件、视频文件等；甚至包括卫星图像、科学数据、数字监控、传感器数据等。

在大数据产业发展初期，其关注的重点在于如何应对海量、多源和异构的数据，并从这些数据中获取价值，彼时结构化数据占据了绝大多数。而随着数字时代的进步，各行业非结构化数据所占比重不断增加，如教育行业的教学文档、医疗行业的影像资料、传媒行业的音视频素材，甚至是公安执法的视频存档等，大量非结构化数据被长期保存下来，企业对于数据获取、管理和应用的诉求日益多样化。作为大数据产业中的重要一环，乃至应成为产业主体的非结构化数据，已经被更多人看到其重要性，即将迎来空前的发展契机，奏响大数据时代下一阶段的发展序曲。

3. 数据价值密度低

大数据存在数据价值密度低的特征。大数据关注的焦点并不是数据量的增加，而是信息爆炸时代数据价值挖掘，如何从海量的数据中挖掘出有效信息是大数据应用的关键。数据的价值密度变动与数据总量的变动呈负相关关系，数据量越大，数据价值密度越低，而数据量大是大数据最显著的特征，因而大数据的数据价值密度低。例如在工厂车间设置的视频监控，摄像头的运转一般均为 24 小时持续不停，势必会产生大量的视频数据。通常情况下的视频数据是枯燥乏味的，正常生产运行的时候企业不会关心视频数据。但是一旦发生生产事故或者一些特殊情况，那么对于生产运维部门来说这些视频数据就产生了相当重要的价值，方便迅速查找事件的起因等。可是事先企业并不会知道哪一个部分的视频有用，因此所有的视频材料都会保存下来，然而存了一年的数据很可能只有一帧具有极高的研究价值。这一事例充分说明了数据价值的不可估量，但这价值犹如沙滩中的黄金一般需要仔细挖掘，大数据的价值密度低的原因即在于此。

尽管价值密度低这一大数据特征越来越突出，但对于大数据的研究、分析和挖掘仍意义深远，其价值无法估量。毕竟价值才是驱动包括大数据技术在内的所有数字技术创新发展的内在动力。

4.数据产生和处理速度快

大数据的数据产生速度快。近年，数字化服务在社交网络、B2B 或 B2C 电子商务等互联网领域的应用数量、质量及频率都大幅上升。同时，移动互联网相关服务模式迅猛发展，除语音和数据通信外，终端设备中的传感器也对数据爆炸产生了重要作用。还有物联网发展和科学实验和理论研究也推动了数据量的提升，越来越多的基础设施、机械设备和日常用品都具备智能化功能并接入网络，通过传感器、RFID 芯片、照相机等，街道、照明、交通厂房、电力设施以及家用电器、汽车、产品包装都在持续产生和不断地更新数据。在科学实验和理论研究领域，特别是在自然技术学科以及医学领域的创新，这些创新过程产生的海量数据也是大量数据产生的原因之一。

大数据的数据处理速度快。大数据的数据产生速度快对数据处理速度也提出了相应的要求。数据的价值除与数据规模有关外，与数据处理速度也呈正相关关系，即数据处理速度越快越好，处理得越及时，则越能产生更大的效能和价值。例如，在视频网站被打开的瞬间，从获取历史数据、用户喜好挖掘、个性化广告匹配并竞价、到最后的广告内容弹出，都是在秒级的时间内处理和分发出去。还有在购物网站的场景营销中，需要在合适的时机触发营销事件，这个合适的时机就是对营销从发起到执行的时间要求，强调实时性。如果消费者已经关闭购物网站，站内消息才收到一条为其量身定制的个性化优惠信息，则这个定制的优惠就会失去意义。

二、大数据发展概况

（一）大数据技术的发展概况

大数据技术脱胎于互联网的迅猛发展，其发展起点最早可以追溯到2000年左右。彼时搜索引擎所需要存储与处理的数据不仅在数量上是空前的，并且在数据类型上也以传统技术所不能够处理的非结构化数据为主。在此背景下，谷歌率先推出了具有分布式特点的新技术体系——分布式文件系统（GFS）、分布式并行计算（MapReduce）和分布式数据库（BigTable）等，该技术体系以较小的成本达到了以往技术所不具备的处理规模。这些技术为后续大数据技术的发展打下了一定的基础，可视为大数据技术的起源。

随着时代大背景下数据特征的持续演化和数据价值释放需求的日益提升，大数据技术逐渐进化出面向大数据的多重数据特征，以数据存储、计算处理为核心的基础技术，并与数据管理技术、数据分析应用技术和数据安全流通技术等能够辅助数据价值释放的相关技术，结合组成一套完整的技术生态，最终发展成为如今这一覆盖广泛的大数据技术体系。

在大数据基础技术领域，各类技术为应对大数据时代数据量庞大、数据源异构多样、数据时效性强的数据特征而发展起来，衍生出能够高效完成海量异构数据存储和计算的技术，跨越了传统集中式计算架构和传统关系型数据库单机的瓶颈，出现能够进行规模并行化处理的分布式计算架构。如基于 Apache Hadoop 和 Spark 生态体系的分布式批处理计算框架可以处理计算大量网页内容与日志等非结构化数据，还有 Apache Storm、Flink 和 Spark Streaming 等分布式流处理计算框架可以对时效性数据进行实时计算反馈。

在大数据管理类技术领域，各类技术针对数据质量和可用性提升需求进行助力。当比较基础而紧迫的数据存储、计算需求已经得到相应的满足之后，怎样实现数据价值的释放就成为下一步的首要需求。过去，由于对企业和组织内海量数据的没有被有效管理，导致数据质量普遍不高且获取难度大，数据整合困难、标准混乱，从而使数据在后续利用过程中出现了诸多阻碍。在这种背景下，数据整合所使用的数据集成技术和数据资产管理所使用的数据管理技术应运而生，以匹配当前的数据处理需求。

在大数据分析应用技术领域，各类技术重点对数据资源的内在价值进行挖掘。当存储计算能力足够强且可用数据质量较高时，充分挖掘数据所隐含的价值并将其与相关特定业务进行融合实现数据增值就成为了主要的需求。能够满足这一需求的数据分析应用技术包括 BI 工具等简单统计分析与可视化展现技术，还有基于传统机器学习和深度学习的挖掘分析建模技术，这些技术能够帮助用户挖掘数据价值，进一步把分析结果以及模型运用到实际业务场景当中去。

在大数据安全流通技术领域，各类技术重在实现数据共享和应用，做到安全合规。当数据价值持续释放，数据安全问题也日益显现，数据泄露、丢失、滥用等安全事件不断发生，给国家、企业以及个人用户带来很多不良的影响。大数据时代，如何积极应对数据安全威胁，实现安全合规条件下的数据共享与应用已成为技术发展的重点方向。传统的数据保护技术如访问控制、身份识别、数据加密、数据脱敏等正在不断升级以更适应大数据场景的需求。与此同时，以实现安全数据流通为目的的隐私计算技术也逐渐成为一个技术发展热点。

（二）大数据的应用发展概况

大数据价值表现在大数据应用中，大数据应用也是大数据技术发展的最终目的。大数据应用是指以分布式并行计算、人工智能技术等为手段，对大量异构数据进行计算、分析与挖掘，将从中获取的信息与知识运用到实际生产、运营、管理与研究之中，从而给经济社会的各行各业带来有益的变化，引领人类社会步入一个真正意义上的大数据时代。总体来看，世界范围内的大数据应用正处在发展初期，各行业大数据应用发展格局呈"阶梯式"，即互联网行业为大数据应用领跑者，其后金融、电信、零售、医疗卫生、公共管理等传统领域也在逐渐展开探索。

1.大数据在互联网行业的应用发展概况

在大数据应用方面，互联网行业处于领跑者地位。互联网作为大数据应用的发源地，各大互联网企业都是大数据应用的先锋官。特别是搜索引擎领域，堪称互联网大数据应用发展的起点。搜索引擎的持续发展促使谷歌于 2000 年前后推出 MapReduce/BigTable 等技术，自此大数据技术翻开新的一页。

历经十余年的发展，互联网行业已经形成各种较为成熟的大数据应用方式，根据使用情况可以将其分为三种类型：一是商业大数据应用；二是公共服务类大数据应用；三是技术研发类大数据应用，如图 1-2 所示。

图 1-2　互联网行业的大数据应用类型

（1）商业大数据应用以盈利为目的，当前常用的应用路径有三个方面：一是营销类大数据应用，即根据用户个人信息、行为、地址、社交数据等信息进行个性化推荐、交叉推荐和品牌监测等。这也是当下最为热门的大数据应用路径，得益于明晰的商业模式和广泛而强劲的市场需求，营销类大数据应用在互联网广告、电子商务、微博、视频等行业中得到了广泛的运用。二是交易辅助类大数据应用，是电商企业的不可缺少的运营工具，包括以用户、店铺交易数据为基础进行经营分析，反欺诈、反虚假交易、促销与团购选品、产业集聚判断等活动。三是网络安全大数据应用，即通过网站动态数据对网络状态展开实时监测预警、网站分析优化、网络信息安全保护。具体活动有用户信息保护、防网络攻击、防钓鱼、防垃圾邮件等。

（2）公共服务类大数据应用注重服务社会公众，与商业大数据应用不同的是，这一类型的数据应用并不以盈利为目的。例如，国内已有搜索引擎公司提供春运客流预测分析、寻找失踪儿童等公益大数据服务。

（3）技术研发类大数据应用是以大数据技术推动前沿技术研发，不断提升产品性能。在互联网应用开发新版本时，经常要做 A/B 测试，这是大数据应用于产品开发的一个典型场景。在 A/B 测试中，服务商同步采集新旧版本的用户行为数据，包括点击行为、访问时长、鼠标停留等，对其进行分析比对以引导产品的后续改善方向。此外，大数据技术还可被应用于使用多种语言版本网页数据来持续改进翻译品质的机器翻译、使用更多的话音指令来持续改进品质的话音识别技术，以及无人汽车等前沿技术的研究与开发。

2. 大数据在传统领域的应用发展概况

除互联网领域外，大数据应用正在渗透向以数据生产、流通和利用为中心的金融、电信、零售、医疗卫生、公共管理等各个传统行业领域。目前，这些传统领域已经开始朝着两大方向积极探索与布局大数据应用。

一方面，这些传统领域积极融合行业内部的多种数据源，并通过挖掘与分析融合数据来开发大数据应用。例如，一些新建的大型百货商场借助大数据平台将企业 CRM 系统、免费无线网络、POS 机、客流监控设备等数据进行整合以便对用户展开聚类分析，为打折信息发布、顾客消费习惯查询、商场的商品位置摆放、客户群路径分析、移动端营销等应用提供支持，从而提升商场营销效率，增加营业额。另外，以大数据为基础的智慧城市决策系统也是大数据的重点应用领域，该系统可以将包括经济、民政、统计、教育、卫生、人力等在内的政府各部门的内部数据，与来自物联网、移动互联网等渠道的网络数据进行集成，并设计出经济社会运行分析模型以支持智慧教育、智慧医疗、智能环保、智能物流等应用场景。

另一方面，这些传统领域积极利用以互联网数据为主的外部数据来实现相关的应用。以金融行业为例，金融机构通过对网民社交数据、历史交易数据等进行采集、分析，可以评估出用户的信用等级；证券分析机构通过融合行业研究报告、公司公告、新闻、股票论坛、行情数据、交易数据、报单数据等，可以尝试分析挖掘出各类事件及因素对股市及股票价格走势的影响；金融监管机构则将社交数据、网络新闻数据、网页数据等外部数据与监管机构的数据库进行连接，通过对比结果给出风险提示，以便监管机构适时开展行动。

就目前发展而言，金融、零售、公共管理等领域对大数据应用的两大方向均有涉猎，而电信、医疗、卫生等领域则更加注重第一方面的发展。

（三）我国大数据战略发展概况

我国大数据战略布局大致经历了三个发展阶段，如图 1-3 所示。

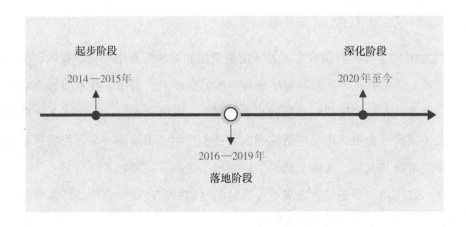

图1-3 我国大数据战略发展概况

1. 起步阶段（2014—2015年）

2014年3月，"大数据"第一次被写进我国政府工作报告，认识大数据、关注大数据成为这一时期我国工作的开展重点，标志着我国大数据战略的起步。2015年8月，《促进大数据发展行动纲要》发布，对数据已经成为国家基础性战略资源这一点进行了明确，为大数据总体发展做出了顶层设计与统筹布局，为大数据上升成为国家战略进行了政策铺垫。

2. 落地阶段（2016—2019年）

2016年3月，我国"十三五"规划纲要正式提出要实施国家大数据战略，这标志着我国大数据发展战略从起步到正式进行战略布局的转变，我国已经深刻认识到数据在促进国家经济发展过程中所扮演的重要角色，开始将大数据融入各行各业作为政策发布的热点。随后，2017年10月，党的十九大报告也提出要推动大数据和实体经济深度融合，2017年12月，中央政治局集体对研究落实国家大数据战略进行了学习。在党和政府的大力推动下，我国大数据产业驶上发展的快车道，进入全面落地环节。

3. 深化阶段（2020 年至今）

2020 年 4 月，我国发布《关于构建更加完善的要素市场化配置体制机制的意见》，其中把"数据"看作是与土地、劳动力、资本、技术同等重要的生产要素，布局"加快培育数据要素市场"。2020 年 5 月，我国《关于新时代加快完善社会主义市场经济体制的意见》也明确了要进一步加快数据要素市场的培育和发展。这两个政策文件揭示了数据在我国已不再只是一种单纯的技术或应用，而是经济发展不可或缺的基础性和战略性资源，标志着我国大数据战略已经进入深化发展阶段。

2021 年 3 月，《中华人民共和国国民经济和社会发展第十四个五年规划和 2035 年远景目标纲要》（以下简称"十四五"规划）发布。单"大数据"一词就在其中出现了十余次。与"十三五"规划将国家大数据战略单独阐述的方式不同的是，在"十四五"规划中，大数据战略被融入了其他的篇章中，这从某种角度说明大数据已不仅仅是一种新技术、新产业，它正逐渐成为一种新的理念、新资源，对于经济社会发展的各个领域都具有一定的助推作用。在大数据的推动下，我国相关产业体系的日益完善，各产业融合应用逐渐加深。

2021 年 11 月，我国工信部发布《"十四五"大数据产业发展规划》（以下简称《规划》），《规划》立足"十四五"规划，从"价值引领、基础先行、系统推进、融合创新、安全发展、开放合作"这六项基本原则出发，为"十四五"时期大数据产业发展确立了五大发展目标、六大重点任务、六项具体行动、六大保障措施，并指出当前我国正处于数字经济关键时期，下一步，大数据产业也将随之进入"集成创新，快速发展，深度应用，结构优化"的高质量发展新时期。

三、大数据产业

（一）大数据产业的内涵

大数据本身即是一种新兴产业，同时也能推动其他产业的不断进步。具体而言，大数据产业的内涵可以从广义和狭义两个角度来理解。

从广义上来说，大数据产业是大数据技术凭借其通用性质促进了各领域运作效率和决策水平的提高，进而形成了一个以数据为核心的经济发展生态体系。广义的大数据产业囊括了大数据在经济社会各个领域中的运用，已经超越了一般信息产业的范畴。

从狭义上来说，目前世界范围内包含大数据的获取、存储、管理与挖掘等相关技术发展与应用正逐步形成一个小范围的生态体系，这一体系内的相关产业都是大数据的核心产业，即狭义的大数据产业。大数据核心产业所提供的大数据资源、产品工具以及应用服务等，为全社会、各领域的大数据应用提供了坚实的基础。狭义的大数据产业仍是围绕着信息采集和加工构建而成，本质上还是一种信息产业。本书对大数据产业的介绍主要立足于狭义的内涵。

大数据产业主要包括数据资源、数据基础能力、数据分析和可视化、数据应用四个部分。数据资源部分承担着原始数据的提供与交换工作，数据资源的来源主体包括数据资源提供者与数据交易平台；数据基础能力部分承担着与数据生产加工有关的基础设施及技术要素的供给，从数据加工及价值提升的生产流程来看，数据基础能力部分的相关主体包括数据存储、数据处理、数据库等；数据分析和可视化部分负责挖掘数据的隐含价值，进行数据关联分析及可视化展现，不仅包含传统意义上商业智能（BI）、可视化及通用数据分析工具，而且包括针对语音、图像等非结构化数据的媒体识别服务。数据应用部分基于数据分析与处理结果为金融、电商、气象、交通、安全等细分行业的商家或公众提供信用评估、精准营销、出行引导、信息防护等服务。

（二）大数据产业生态

随着大数据技术的不断发展与大数据应用的不断深入，一个以数据为中心的大数据产业生态也在逐渐成型。在大数据产业生态中主要有三个重要的主体角色，分别是大数据解决方案提供商、大数据处理服务提供商、数据资源提供商（如图1-4所示），三者为大数据应用者提供大数据服务、解决方案、数据资源。

图1-4 大数据产业生态主要角色

1. 大数据解决方案提供商

大数据解决方案提供商为企业用户提供一站式的大数据解决方案，其中涵盖数据中心及服务器等硬件、数据存储及数据库等基础软件、大数据分析应用软件及技术运维支持等板块，其中大数据基础软件与应用软件则是大数据解决方案的关键部分。大数据解决方案提供商包含传统 IT 厂商和新兴大数据创业公司。传统 IT 厂商大都是在原 IT 解决方案的基础上整合 Hadoop 分布式系统基础架构形成一个将结构化与非结构化两个系统整合在一起的"双栈"方案。目前，这些传统厂商正在通过收购等手段增强大数据解决方案服务能力。反观新兴的大数据创业公司，这些公司通过单独或与传统 IT 厂商合作等方式，专门为非结构化数据处理提供解决方案，已经成为资本市场上的热点话题，具有极高的成长潜力。

2. 大数据处理服务提供商

大数据处理服务提供商主要面向企业及个人用户，针对海量数据提供数据分析和数据价值挖掘服务。根据服务模式的不同，大数据处理服务提供商大致可分为四种类型。一是仅提供在线分析服务的提供商，一般为互联网企业、大数据分析软件商以及其他新兴创业公司，他们主要通过云服务的形式向客户提供大数据服务，如阿里云的开放数据处理服务、腾讯数据云、百度大数据引擎等。二是同时提供数据资源和在线分析服务的提供商，一般为用户数量规模庞大的大型互联网企业，他们以自身的数据资源为基础，通过网络软件服务的形式为客户提供大数据服务，如百度上线的大数据营销服务"司南"就是个中代表。三是仅提供离线分析服务的提供商，一般为大数据咨询公司、软件商等，他们主要面向企业提供专业化、定制化的大数据咨询服务与技术支持，如以大数据分析为主的奥浦诺管理咨询公司就是一个典型的此类提供商。四是同时提供数据资源和离线分析服务的提供商，多分布在数据资源丰富且信息化建设水平高的传统行业。如征信机构等，基于企业和消费者行为数据，为金融机构提供离线数据分析服务。

3. 数据资源提供商

由于数据已经成为一种重要的生产要素资源，因此不可避免地会形成供给和流通需求，从而催生出数据资源提供商。数据资源提供商是大数据产业生态中独特的一个主体角色，是大数据资源化发展的必然结果。

数据资源提供商主要包括数据拥有者和数据流通平台两种类型。数据拥有者具有多种形式，如个人、企业、公共机构等。数据拥有者一般会将原有数据或经过加工后的数据，通过无偿或付费的形式直接提供给其他需要帮助的公司及用户。如阿里巴巴推出的淘宝量子恒道、数据魔方以及阿里数据超市都是数据拥有者。数据流通平台为多个数据拥有者与数据需求方之间数据交换流通提供了媒介。根据平台服务的宗旨，数据流通平台可以分为政府数据开放平台与数据交易市场两类。政府数据开放平台具有公益性质，以政府及公共机构非涉密数据公开服务为主。当前世界已有许多国家公开了政府数据，纷纷启动建设了公共数据库开放网站，以我国为例，国家统计局国家数据网站、北京市政府与上海市政府信息资源平台等数据开放平台都在加紧建设中。数据交易市场主要指由商业化数据交易活动衍生出来的多方共同参与的第三方数据交易市场，主要为客户提供地理空间、营销数据和社交数据等交易服务。大数据交易市场的发展才刚刚开始，在交易规则、市场机制、定价机制、转售控制、隐私保护等方面都有许多需要努力的地方。以我国为例，中关村大数据交易产业联盟是由北京市与中关村管委会于 2014 年 2 月共同指导组建的，该联盟将主要开展国内大数据交易有关规范化的发展工作。

第二节　企业会计基本内容

会计指人们从事物质资料的生产活动时，从节约劳动和讲求经济效益的角度出发，对其生产活动所消耗的成本和取得的成果等所进行的确认、计量、记录、汇报活动。随着社会经济和科技的不断发展，会计也逐渐形成了一系列专业的流程、方法与技术，在内容与形式上持续改进。现代会计在其漫长的发展过程中，目前已经形成了财务会计与管理会计两大分支。就作为现代会计主体的企业而言，财务会计与管理会计在会计的基本特征上具有一致性，二者均建立在企业经济活动中产生的数据基础之上，并经过科学的步骤和方法为经济决策和控制提供财务等经济信息。二者既具有共性也各有特色，相辅相成。

一、企业财务会计基本内容

（一）企业财务会计的含义

在《企业会计准则》及有关规范的指导作用下，企业财务会计是以企业已发生或者已完成的各项经济活动形成的数据信息为基础，经过填制凭证、登记账簿、编制报表等一系列会计程序与方法，为企业提供整体财务状况与经营成果信息的经济管理活动。

企业财务会计所提供的信息既可供企业经营者及其内部相关管理部门在进行经营决策和实施必要控制时使用，又可向投资人、债权人、政府机构等企业外部相关利益者提供信息，以满足其投资、贷款、宏观调控等需要。这种对外性决定了财务会计本质上是一种对外报告会计。

财务会计对企业财务数据的加工处理和分析报告主要包括确认、计量、记录、报告四个步骤，形成一个循环，财务会计工作就是依照这一程序不断重复、循环进行的。

1.确认

会计确认就是通过一定的标准或方法来对企业每项经济活动及其形成的

数据进行识别和认定，明确其所具有的会计要素属性和范畴，即将某一会计事项作为资产、负债、所有者权益、收入、费用或利润等会计要素正式列入会计报表的过程。具体而言，会计确认主要解决三个问题：一是确定某一经济业务是否需要进行确认；二是确定该业务应在何时确认；三是确定该业务应确认为哪个会计要素。会计确认实际上是分两次进行，第一次解决会计的记录问题，第二次解决财务报表的披露问题。前者称为初始确认，后者称为再确认。

2. 计量

会计计量是在一定的计量尺度下，运用特定的计量单位，选择合理的计量属性，确定应予记录的经济事项金额的会计记录过程。会计计量包括计量单位和计量属性。一方面，对会计计量来说，计量必须以货币为计量单位。在不存在恶性通货膨胀的情况下，一般都以名义货币作为会计的计量单位。按名义货币计量的特点是，无论各个时期货币的实际购买力如何发生变动，会计计量都采用固定的货币单位，即不调整不同时期货币的购买力。另一方面，计量属性是指被计量对象的特性或外在表现形式，即被计量对象予以数量化的特征。会计的计量属性主要包括历史成本、重置成本、可变现净值、现值和公允价值等。其中，历史成本通常反映的是资产或负债过去的价值，而重置成本、可变现净值、现值和公允价值通常反映的是资产或负债的现时成本或现时价值，是与历史成本相对应的计量属性。公允价值可以重置成本，也可以是可变现净值和以公允价值为计量目的的现值，但必须同时满足公允价值的三个条件。

3. 记录

会计记录是指对经过会计确认、会计计量的经济业务，采用一定方法记录下来的过程。会计记录的方法主要包括：设置账户、复式记账、填制和审核凭证、登记账簿。首先，设置账户是根据规定的会计科目在账簿中开设具有一定的格式和结构的账户，用于分类反映会计要素各项目增减变动情况及其结果，是对会计要素进行分类核算的工具。其次，复式记账是对每一项经济业务都要以相等的金额，同时计入两个或两个以上的有关账户的一种记账方法。再次，填制和审核凭证是为了记录经济业务、明确经济责任，形成书面证明，并作为登记账簿的依据。会计凭证按其填制程序和用途可以分为原始凭证和记账凭证两类。最后，登记账簿指以会计凭证为依据，全面、系统、连续地记录各项经济业务的簿籍。设置和登记账簿，是会计工作得以开展的基础环节，是联结会计凭证与财务会计报告的中间环节，为后续编制财务会计报告提供基础。

4.报告

会计报告是以日常核算资料为主要依据，总括反映企业和行政、事业等单位在一定时期内的经济活动情况和经营成果的报告文件，可以作为向使用者传递信息的一种工具，以各类财务报表、附注和财务情况说明书为主要表现形式，包括资产负债表、利润表、现金流量表及相关附表，对投资者、债权人等的经济决策有着重要的作用。

（二）企业财务会计的目标与职能

1.企业财务会计的目标

企业财务会计的目标是指会计工作所要实现的目的要求，即为信息使用者提供相关信息。既包括为企业内部管理决策者提供信息，又包括为企业外部利益相关者提供企业真实信息，如政府机构、企业外部投资者、债权人，以及其他与企业具有利益相关关系的机构或个人。

企业财务会计的目标是会随着社会制度、经济体制和其他客观环境的改变而不断变化的，每个信息使用者对于会计信息的要求也是各不相同的。企业财务会计主要是通过财务报告（含财务报表）来向使用者提供企业信息。财务报告的目的与作用通常可以被理解为财务会计所要达到的目标。总之，企业财务会计主要目标在于为企业内部管理决策者和企业外部利益相关者提供包括企业资产、负债和所有者权益在内的企业财务状况、经营业绩、财务状况变化等各类财务信息与非财务信息，让这些信息使用者更了解企业的财务实力、变现能力、偿债能力、经营成绩、获利能力、支付现金股利能力，以及重新投资能力等信息，从而帮助他们进行投资、信贷等一系列决策。

2.企业财务会计职能

会计职能是会计的本质所在，企业财务会计作为一种经济管理活动，以反映与监督为基本职能，其他职能还包括评价经营业绩、预测经营前景、支持经营决策，如图1-5所示。

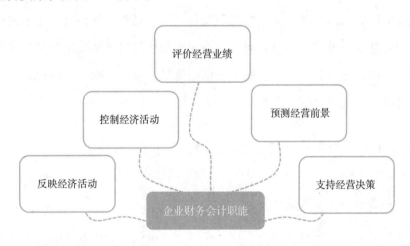

图1-5　企业财务会计的职能

（1）反映经济活动

企业的经济活动过程是可以用数量客观衡量的，财务会计将已发生或者已完成的经济活动数据通过一定的程序与方法记录下来，再进行必要的运算、分析与综合加工，处理成全面而系统的财务信息，充分反映企业的资产、负债、所有者权益的增减变动情况信息，还有费用、收入、盈利等信息。这些信息反映了企业已形成的财务状况、财务状况变动情况以及经营成果情况，从而为企业控制经济活动、评价经营业绩、预测经营前景以及做出经营决策提供必要的依据和参考。在会计反映职能方面，记录是一切的基础，但是记录的结果反映的常常是事物表面的现象，唯有对记录原始数据做必要的计算加工与综合分析并将其归类归纳为一系列财务信息，才有可能深入到经济过程内部去揭示客观事物本质的联系，所以对会计记录结果的分析加工是对会计反映职能的深化，影响着职能的发挥。

（2）监督经济活动

企业对经济活动的监督目的是引导经济活动按预先的规划与要求开展，最终达到既定目标。会计监督一般由会计确认完成。我国财经政策、法规、企业会计准则以及企业会计制度、计划或预算等，都是进行会计监督的基础。财务会计在对企业经济活动的相关数据进行会计确认后，将达到会计确认标准的数据加以处理，为反映计划或者预算的真实执行状况提供财务信息，并在此基础上分析和检验企业的经济活动是否符合国家财经政策、法规，是否背离了计划、预算，是否获得了预期收益，以便企业管理部门能够及时采取应对措施而对企业的经济活动做出必要调整，或者制止那些不正当、不合理的行为。

（3）评价经营业绩

企业财务会计通过对财务报表分析实现其评价职能。具体而言，财务会计为企业提供财务状况和经营成果等方面的历史信息，反映企业生产经营活动、筹资活动及投资活动等各方面的实际业绩，通过一系列的比较分析并将结果披露于财务报告中，从而基于财务角度对企业经济活动的得失及成因进行综合评价，确认成就并找出存在的问题，为进一步改善企业的经营管理提出对策建议。

（4）预测经营前景

财务会计所提供的历史信息具有一定的预测价值。例如，其中对企业财务状况有影响的企业所掌握的经济资源及使用效果方面的信息，有利于预测企业未来的盈利能力；其中资金结构方面的信息则有利于预测企业未来借款需求、现金流量及利润分配状况，同时还有利于预测公司进一步融资成功与否；其中资金流动性及偿债能力方面的信息有利于预测企业未来财务承诺期满后的履约能力；其中企业经营业绩发生变化方面的信息则是可以根据企业已有资源预测未来的获利能力及使用新增资源的潜在收益。

（5）支持经营决策

财务会计所提供的各类财务信息对于企业的经营决策具有重要的支持作用，特别是其中企业财务状况变化的信息对于企业的投融资以及业务决策都具有十分重要的参考价值。例如，通过对应收账款的核算可以及时掌握企业应收账款的收回情况和坏账处理情况。应收账款对企业的资金链有着重大影响，一旦应收账款规模持续增加，企业很可能出现资金链断裂的风险，借由财务状况变化的信息就可以提前发现应收账款的规模变化趋势，并采取相应的调控手段，以免企业遭受可能存在的财务风险。总之，企业财务会计将真实可靠的财务信息传达给企业的决策者，为企业的经营决策提供有力的数据支撑，以便促进企业更好地发展。

（三）企业财务会计的基础

企业财务会计的基础是财务会计生存与发展的基础与出发点，权责发生制与收付实现制是确定当期收入与费用的两大会计基础。按照《企业会计准则》的规定，企业财务会计的确认、计量与报告应建立在权责发生制基础之上。

　　权责发生制，也称应收应付制，是指在会计核算中，按照收入已经实现，费用已经发生，并应由本期负担为标准来确认本期收入和本期费用。具体而言，"权"一般指包括企业在内的民事主体的权利，企业从事经济活动的目的就是在法律许可的范围实现自身财富最大利益化。"责"是指分内应该做的事，一般指责任或义务。责在不同的民事行为中具体语义是不同的。如民间借贷，有借有还，如果"借"是权的话，那"还"就是责；在企业活动中，责就是支付金钱，但不一定是支付现金，若不支付现金则表现为"记账"。举例来说，如果甲公司1月向乙公司购入一批原材料，金额为5万元，但甲公司当时收到原材料却未支付现金，直到6月甲公司才支付。这5万元对于乙公司来说是销售收入，这个收入发生在1月，算作1月收入，尽管乙公司的这笔收入实际在6月才到账，也不能算作6月的收入，这就是权责发生制。

　　权责发生制可以如实反映企业当期的经营收入与经营支出情况，更精确地计算与确定经营成果。因而得到了广泛的应用。企业权责发生制的本期通常按月份计算比较合适。若以年份计，持续时间过长，不利于掌握经济活动的最新情况。若以日计，近乎现金支付，会造成企业现金流压力大，使经济活动不便。因此，以月份计是实现经济活动主体效益最大化的最佳方案。

　　企业财务会计按权责发生制开展工作时，应做如下两点考虑：一方面，凡本期已实现收入和已发生或应承担的费用，不论款项收付与否，均应列为本期的收入和费用，计入利润表；另一方面，凡不属于本期的收入和费用，就算款项在本期收付，亦不列为本期的收入和费用，不在利润表中体现。所以，企业运用权责发生制时，在会计期末必须对账簿记录进行必要的项目调整，只有这样才能使本期的收入和费用有一个合理的配比，从而更为准确地计算出企业的当期损益。

二、企业管理会计基本内容

（一）企业管理会计的含义与特征

企业管理会计是对企业内部的经济活动进行预测、决策、规划、控制、评价，为企业管理者提供相关信息，以求实现企业经济效益最大化、企业价值最大化。

企业管理会计主要包括五个特征：一是管理会计本质上是会计和管理的结合体，是一种会计管理；二是管理会计的预测、决策、控制、分析、评价主要以财务会计信息为基础，当然还运用了其他相关信息，管理会计的预测经济效益能否实现最终都要通过财务会计来体现，否则管理会计就会失去意义；三是在管理会计工作中使用的方法涉及会计、统计、数学等众多领域，其中，数学的方法，特别是运筹学是最重要的方法；四是管理会计的内容可归纳为评价过去、控制现在、规划未来三个方面，规划未来是其中最主要的一个方面；五是管理会计以实现最佳经济效益为目的。

（二）企业管理会计的职能

管理会计所具有的职能是其在企业管理中所扮演的角色，一般归纳为预测、决策、规划、控制、评价五个方面（如图1-6所示）。管理会计的各项职能之间有着十分密切的关系，形成了一个管理会计的整体循环。预测为决策提供了前提条件，决策为规划提供了依据，规划不仅是预测、决策的全面体现，而且也是经营目标的具体化，是控制和评价等工作的根据，控制保证了规划的落实，最后再借由评价对整个决策、规划、控制的过程和结果有一个清楚的认知，以便企业对未来的经济管理活动做出预测和决策，开启下一轮循环。

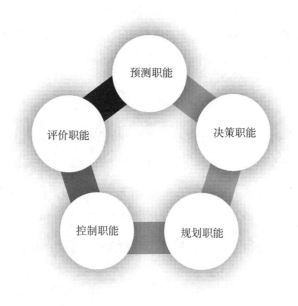

图 1-6　企业管理会计的职能

1.预测职能

所谓预测，就是以历史资料为依据，运用系统而科学的手段，对事物今后发展情况进行推测。管理会计主要是以历史或现时的会计资料及其他相关数据为基础，运用定量分析模型或定性分析手段来预计并推测企业未来经济业务发展趋势对内部财务状况、经营效益、现金流量等方面带来的可能影响，从而为企业内部经营管理决策的制定提供可靠依据。企业管理会计的预测职能包括资金需求量预测、成本预测、销售预测、利润预测等。

2.决策职能

在管理会计中，决策职能处于核心地位。管理会计通过提供决策有关信息来参与企业的管理决策，具体是从企业决策目标要求出发，收集整理相关信息资料，选用适当方法对相关长、短期决策方案评价指标进行测算，开展合理的财务评价以辅助企业管理者进行科学决策。企业管理会计所提供的数据与信息能够帮助管理者高效地完成各类决策。如选择产品品种的生产组合、产品定价、长期股权投资项目分析、短期融资渠道分析等。

3. 规划职能

规划是为企业经营活动制定各项规划与预算。管理会计将企业决策所设定的各管理层次、各业务领域、各时间尺度的目标付诸编制企业全面预算中，同时进一步分解各预算指标，以制定责任预算为手段，对企业经营链条各环节进行合理有效的组织与协调，充分发挥企业可支配的人、财、物等资源的作用，保证全面预算得以实施，为企业实际经营活动的控制奠定基础。

4. 控制职能

控制就是以某种方式作用于企业的实际经济活动，并使其按照预定的目标进行。管理会计以预先编制好的预算为依据对企业经济活动情况进行实时的控制，同步计量、记录、报告已发生的各项实际经济活动情况并实时比较实际数据和预算数据，判断实际数据与预算数据的偏离程度，测算差异的大小、分析差异的成因，从而推定相关的责任。针对不利的差异提出相应的改进措施，如有需要还可以根据实际情况修改预算数据。管理会计通过其控制职能可以有效地起到干预生产经营活动、保证各项计划目标得以顺利实现的作用。

5. 评价职能

管理会计的评价职能主要是通过责任会计制度的执行来实现的。责任会计是管理会计的一个重要分支，是为适应企业内部经济责任制的要求，而对企业内部各责任中心的经济业务进行规划与控制，以实现业绩考核与评价的一种内部会计管理控制制度[①]。责任会计系统与企业组织结构存在着密切的关系，责任会计系统反映并支撑企业组织结构。企业整体业绩目标，需落实到内部各责任单位，成为各责任单位业绩评价的依据。依据各责任单位职责范围和权限大小，可以将其分为成本中心、收入中心、利润中心、投资中心等。管理会计借由责任会计对企业内部各责任单位的责任分配和履行情况等方面进行评价。

（三）管理会计的工作内容

基于管理会计的五大职能，管理会计的工作内容包括决策与规划会计、控制与评价会计两个方面。

1. 决策与规划会计

决策是企业经营管理的中心，也是各部门的主要工作职责，怎样为企业决策者提供准确的决策信息，是各职能管理部门的中心工作之一。管理会计作为企业的财务战略军师，要从经济专业上利用成本形态分析、量本利分析等动态、静态指标方法，对长短期投资、生产、定价等做好经济决策的前期预测。然后根据企业经营目标，分别落实到各部门。采用比价采购、倒推目标成本等方法，具体下达经济责任指标。建立一整套系统的指标体系，使企业内部各个利润中心职责明晰，并对完成情况，事前、事中、事后适时进行分析、反馈，及时优化各个环节的工作，确保目标的完成。

2. 控制与评价会计

当规划完成之后，管理会计要充分控制企业的经济活动按照预先的规划进行。同时，企业管理十分注重充分调动人的积极性，从而贯彻落实企业经

---

① 陈国钢.企业风险管理与责任会计体系 [J].财务与会计，2022（8）：21-26.

济目标。这就需要建立责任会计制度，按照各自的经济责任，做到人人肩上有指标，责权利相结合，以经济手段奖惩、控制各级企业组织行为，不断完善工作，发挥人的主观能动性。

三、企业财务会计与管理会计的联系与区别

（一）企业财务会计与管理会计的联系

1. 财务会计与管理会计本质相同

财务会计与管理会计本质上都是一种管理活动。会计从诞生之日起，就一直服务于企业管理。只因客观条件和技术水平的限制，使会计的职能仅限于核算。会计就是管理活动，会计作为企业管理中的一个重要环节，它通过经济信息的收集、加工处理与运用来组织、控制经济活动，调节与引导，驱使人权衡利弊，强调成效的管理活动。在此过程中财务会计注重对实际运行状态进行记录与归纳；管理会计就是运用经济数据，通过多种方法帮助企业管理当局进行决策，注重过程控制，采用预测、决策、预算编制等技术手段，实现企业管理当局制定的管理目标。但它作为会计中的两大分支却服务于企业的管理。

2. 财务会计与管理会计的对象相同

会计对象即会计为何物，讨论会计为何物就必须先解决现代会计为何物和现代化管理为何物。因为在系统理论视野中，现代会计属于现代化经济管理大系统中的一个分系统，财务会计和管理会计又属于现代会计大系统中的两大子系统。既然财务会计和管理会计在现代会计分系统内处于两个子系统中，那么财务会计和管理会计的研究对象在总体上也应具有一致性，即反映

人们在社会生产关系中社会再生产过程的物资运动与价值运动、信息运动。只是因为分工不同，两者在"时""空"上各有侧重。财务会计研究对象主要是企业生产经营情况，从时间上看它关注于过去，已发生过的经济和它所传递的信息，从空间上看，它关注于经济活动主体整个经济活动和它传递的信息，管理会计关注于财务会计研究对象"状况"，从时间上看其关注于当前和将来（期望中）经济活动和它所传递的信息，从空间来看，它关注于局部，选择中或者具体经济活动和所传递的信息。

3.财务会计与管理会计的职能与目标一致

"职能"与"目标"是两个不同概念。职能是内在本质属性，是客观存在，而目标是人们在不同时期客观需要和可能性基础上对会计工作的需要，是属于人们主观意志的范畴，是随条件变化而变化的。

财务会计有反映与监督两大基本职能，以及评价经营业绩、预测经营前景、支持经营决策等其他职能。对于新派产生的管理会计而言，其职能包括预测、决策、规划、控制、评价五大方面。

会计目标就是会计管理所要达到的状态或满足的需要，这就决定了会计的性质。财务会计核算是以提供信息为手段，对人的决策和行为施加影响为目的；管理会计是采用某些专门的方法与技术，来管理与控制企业生产经营活动和人们行为。两者统一地服务于现代企业会计发展的一般需求，并共同服务于企业内部经营管理目标的实现以及外部各种利益相关者需求的满足。

4.财务会计与管理会计共同组成一个耦合的开放系统

根据系统论的基本原理，系统就是各组成部分以某种方式组合在一起，形成一个有机整体，并且各部分之间存在着紧密联系，共同实现系统所应实现的作用或目标。会计在管理系统中处于子系统地位，会计系统也是财务会计与管理会计两大分子系统相互耦合而形成的。两大分子系统之间存在着互为补充的自然关联。管理会计应受财务会计工作好坏的限制。同时，财务会计在发展和改革中，也应充分考虑管理会计的需要，以便扩大信息交换处理能力，使之相容，避免无谓的重复、浪费。虽然在实践中财务会计和管理会计对于会计对象具体的处理方式和技巧有所不同，但是管理会计运用的许多科学理论与方法无非就是为了将财务会计产生、提供的资料进行更好的处理，改制以及延伸。

（二）企业财务会计与管理会计的区别

管理会计脱胎于财务会计，与组织体系和管理科学具有天然的联系。管理会计的本质也是一种经营管理活动，是企业财务会计与其他部分工作相融合衍生而来，数据是管理会计的重要依据。正是这种融合性使得管理会计与财务会计在工作方法上具有很大的区别，相比于财务会计，管理会计的手段更加多样化。例如，财务会计以货币为主要计量手段，强调计量的准确性，但这种单一的货币计量形式并不能从各个维度综合反映出企业经营活动的数据，而管理会计可以将材料的数量与金额、职工的数量与人工成本等关联项目综合计量并列示在一起，令企业的会计信息更加直观而全面，更好地服务于企业发展需要。另外，财务会计与管理会计都是为企业决策服务的，但在财务会计工作中，企业是会计的对外报告主体，财务会计需要把企业看作一个整体进行相关工作的开展，重点针对企业经济活动的过去与现在进行记录、报告等，管理会计则不然，管理会计一般将企业内部各责任单位当作一个主体，对各个部门的经营业绩进行规划、控制、评价等，重点针对企业经济活动的现在与未来。

具体而言，企业财务会计与管理会计的区别见表1-1。

表 1-1　企业财务会计与管理会计的区别

	财务会计	管理会计
服务对象	服务于企业内部和外部的财务信息使用者	服务于企业内部管理人员
工作重点	根据企业经营活动进行会计确认、计量、报告	针对企业经营管理需要提供预测、决策、规划、控制、评价所需要的信息
工作主体	强调真实完整地反映企业的所有经济活动，不能遗漏任何一项会计要素，因此以整个企业作为工作主体	既可以将整个企业作为工作的主体，也可以将企业内部的各责任单位，甚至是一个小小的部分或一个管理环节作为工作的主体
工作作用时效	反映过去的、已经发生或已完成的经济活动事项，强调客观性	分析过去、控制现在、规划未来，横跨过去、现在与未来三个时态，未来是其中最重要的一部分
原则与标准	遵守《企业会计准则》和行业统一会计制度，保证企业会计信息的可比性	以企业内部经营管理需要为原则与标准，不受准则和制度的限制，可灵活应用各种现代管理理论开展相关工作
会计信息特征	定期的、全面的、连续的	不定期的、有选择的、不连续的
会计信息载体	格式统一的凭证、账簿、报表系统与财务报告	没有统一格式的内部报告，可以是文本、表格等各种形式
会计方法体系	根据具体会计准则与制度对经济事项进行核算，数字运算相对简单	针对不同的问题采用不同的方法进行分析处理，计算过程需要大量运用各级数学运算
工作程序	执行固定的会计循环，不同企业之间工作程序差异较小	没有固定工作程序，可根据实际需求设计专门的工作流程，不同企业之间工作程序差异较大
人员要求	工作内容相对简单且固定，需要工作人员具备理论知识并了解相关准则，熟练开展工作	工作内容相对复杂且灵活，需要工作人员具备多方面的知识和能力，可以分析问题、解决问题

第三节 大数据时代企业会计创新相关理论

一、系统论

系统是普遍存在的，大到渺茫的宇宙，小到微观的原子，世间万物皆可视为系统。现在我们每一个人身边都存在着复杂的系统，如手机、电脑等。系统论最根本的思想方法是将研究对象作为一个系统展开详细研究，着重关注系统、要素、环境三者的变动规律和相互关系。

系统论有着悠久的历史，最早是由理论生物学家路德维格·冯·贝达朗菲（L.V.Bertalanffy）于 1937 年所提出。尽管贝达朗菲的一般系统论原理在 1937 年就已提出，并为这一科学打下了理论基础。但他的论文《关于一般系统论》直到 1945 年才公开发表，发表后反响平平，到 1948 年他在美国再次讲授"一般系统论"时才受到学术界的重视。最终真正确立这一科学理论学术地位的是贝达朗菲在 1968 年出版的专著《一般系统论基础、发展和应用》一书，该书也被认为是系统论领域的代表著作。后来我国学者在系统论领域也颇有建树。清华大学教授魏宏森于 20 世纪末创立系统论，首次赋予系统一词"主义"的内涵，这一概念使系统论由科学方法论上升为哲学方法论，其代表著作是《系统论——系统科学哲学》。

当前，系统理论发展趋势呈现出以下四个特征：一是系统论同运筹学、系统工程、电子计算机等新兴学科之间互相渗透、相互融合；二是系统论、控制论和信息论三大理论呈现出殊途同归的发展趋势，系统论是另外两种理论的基础；三是耗散结构论、协同论、突变论、模糊系统理论等新兴科学理论丰富了系统论内容；四是系统科学哲学方法论研究越来越受到关注。

企业会计也可以被视为一个以财务信息提供为主要内容的经济信息系统[①]。无论是基于受托责任观还是基于决策有用观，提供有用的信息都是会计系统的主要职责。企业会计信息系统所输出的信息必须能如实反映企业经济活动的情况，保证信息的相关性与可靠性等。如果做不到这些，企业会计人员就可能失去职业判断能力，从而导致出现财务舞弊现象。企业会计信息的生产与处理流程包括：交易事项、原始数据、会计凭证、会计账簿、财务报表。其中，交易事项涵盖了物流、资金流和业务流等多个方面，其会计处理具体要求经过确认、计量、记录和列报等多个环节。这些流程与环节共同构成企业会计信息系统，任何一部分出现问题都可能影响到整个系统。特别是在大数据时代企业会计信息量骤然增加的情况下，企业会计信息处理工作量加大，为避免影响企业会计信息质量，企业会计人员需要立足系统论思想，谨慎开展会计工作。

二、信息不对称理论

信息不对称理论由肯尼斯·约瑟夫·阿罗（Kenneth J. Arrow）于1963年首次提出。乔治·A.阿克尔洛夫（George A. Akerlof）在20世纪70年代发表的著作《柠檬市场》对信息不对称理论作了进一步阐述。随后，三位经济学家阿克尔洛夫、斯彭斯、斯蒂格利茨以信息不对称为假设基础，创立了一套完整的经济理论来揭示厂商、工人与消费者之间的关系，为信息经济学奠定了基础，促进了信息不对称理论的运用与发展。一直到今天，信息不对称理论对经济活动的影响还在继续，是经济活动问题的分析与解决工具。

所谓信息不对称，就是在某一经济关系中，各参与方对于相关事件的认

---

① 袁广达. 大数据技术与会计工作关系探究：基于"老三论"视角 [J]. 会计之友，2020（19）：2-9.

知或者概率分布掌握程度存在差异，也就是掌握的信息不均衡。信息不对称包含两个方面：一是信息内容的不对称；二是信息掌握时间的不对称。从信息内容的不对称来看，信息不对称就是参与者的知识不对称与参与者的行为不对称。知识不对称是指一方当事人对另一方当事人的信息，如个人能力、个人经历、社会关系等一无所知，这并不是由双方当事人的行为引起的。对于这种信息不对称，信息经济学称其为隐藏的知识或信息。要想解决这一方面的信息不对称，就必须设计出能够获取有用信息的共享信息机制，实现最佳契约安排。信息不对称广泛存在于市场运行之中，当在信息不对称关系中处于劣势一方认识到自身的不利地位并难以通过契约进行风险分配时，则交易成本就会增加，最终导致交易效率受损。

会计信息不对称是信息不对称的典型代表之一。会计信息不对称指企业因对特定会计方法的选择导致会计报表信息披露向特定信息使用者倾斜。会计信息披露就是企业通过公开报告方式向信息使用者提供对其决策有直接和间接影响的重要会计信息，会计信息披露的质量取决于披露内容的真实性和可靠性、披露时间是否及时、对披露对象是否公平。会计信息披露制度产生于企业所有权、经营权分离，委托代理关系形成。就参与主体而言，会计信息不对称由内部信息不对称与内外部信息不对称构成。内部信息不对称性指管理层和会计人员信息的不对称。内外部信息不对称指股东、债权人及其他外部会计信息使用者拥有的会计信息没有企业内部管理层和会计人员多。就表现形式而言，会计信息不对称包括时间和内容的不对称，从时间上看，会计人员作为会计信息的提供者比企业内部的管理层和外部相关会计信息的需求者更早地掌握信息，而企业内部的管理层则比外部相关会计信息的需求者更早地掌握信息。从内容上看，会计人员、企业内部的管理层、企业外部相关会计信息的需求者对会计信息掌握呈不对称分布。

企业会计信息不对称产生的原因主要有两点：一方面，委托代理关系的存在，通常具有信息优势的企业内部的管理层被称为代理人，不具有信息优势的企业外部相关会计信息的需求者被称为委托人，双方形成委托代理关系。因双方信息不对称导致企业外部相关会计信息的需求者对企业发展情况和内部价值掌握得并不清楚。另一方面，会计信息披露的内容格式化，企业会计信息使用者各方对会计信息的认识存在理解差异。部分会计信息使用者在对企业会计报告进行阅读和分析时可以发现其与企业本身情况并不相符，从而造成会计信息不对称。同时，企业会计报告披露的信息多以历史成本来计量，在会计信息传递上略显滞后。从这一角度来说，财务会计报告中的信息只是企业历史经济活动的汇总与归纳，通常具有单一性，并不是企业综合经济信息，而企业决策所需的信息都是综合性信息，财务会计报告对此束手无策。

三、委托代理理论

委托代理关系是伴随着企业组织的出现与发展而形成的，可以说，哪里有合作，哪里就有委托代理关系，如生产商和销售商之间、股东和经理之间等。经济学中将委托代理关系看作是一种契约关系。这种契约关系包括三方面的含义：一是这种契约关系中能对契约形式进行积极设计的一方叫作委托人，仅能以接受契约或者拒绝契约方式进行被动选择的一方叫作代理人；二是委托人通过该契约授权代理人进行一定的活动并赋予代理人一定的决策权；三是契约双方所掌握的企业信息是不对称的，拥有较多信息的一方是代理人，拥有较少信息的一方是委托人。

委托代理理论认为，形成委托代理关系需要具备如下三个条件：一是委托人和代理人都应当具备协商、缔结和履行契约的行为能力。若委托人没有这一能力就很难令其资本增值。同样地，代理人若没有这种能力也无法在众多替代契约中进行选择，从而能够同时满足自身利益和委托人利润最大化的需要。二是委托人要有资本。即委托人须为资本所有者或资本代表者，具备付酬能力并享有指定付酬方式和金额的权利，这是契约达成的前提。三是代理人须具备信息优势，借由专业技能和业务活动方面的能力获取私有信息。

由于委托人无法对代理人的特定行为进行观察，且代理人也不能完全控制一种行为的最终结果，从而导致可能存在一些影响委托代理关系的因素。企业中，委托人寻求利润最大化这一目标与企业价值目标具有一致性，而代理人目标却存在着不同，代理人在追求物质报酬的同时也需要某些非物质的福利，如增加休息时间、得到长远发展等。因此，通常代理人只有在满足自身目标的前提下才能顾及所有者利益。代理人了解自身能力以及对企业工作的态度，掌握着企业运营期间各项收入、支出的实际情况。由于没有参与到企业实际经营活动中去，委托人难以得到关于企业状况的综合资料，因此，委托人与代理人之间会出现信息不对称现象，然而在企业中，委托人与代理人就其经营结果所承担的责任是不对等的，在企业经营失败的情况下，代理人充其量只是个人信誉受损或收入下降，这与委托人巨额财产损失的后果极不相称，这也是财务会计存在的原因之一。

企业财务会计行为也是委托代理关系的一部分。由于财务会计重点关注资金的流动情况，而资金又是企业进行生产经营活动的根本，所以，财务会计工作就成为了现代委托代理关系的核心。企业所有者与经营者之间的代理问题同样存在于财务会计工作之中。由于所有者和企业长期并存，存在着长期利益，因此所有者通常更加注重企业的长远发展。而经营者则因任期所限，以任职期间的经营业绩作为考量标准，这样就使经营者的财务决策更加关注短期利益，选择一些费用少而见效快，舍弃投资多，费时多，而长期效益好的方案。

第二章　大数据与企业会计

大数据对企业会计产生了重大影响，如大数据为会计工作提供了一个强大的数据库，实现了会计信息系统和管理信息系统的数据集成，会计人员可以随时掌握主营业务前端，并通过实时分析、实时挖掘掌握有价值的信息，从而实现业务、信息等全方位共享，为财务报告使用者提供实时的财务会计信息。大数据对企业会计的影响是全方位的，这种影响在很大程度上促使企业会计不得不进行创新以适应时代发展的潮流。本章内容主要分析了大数据对企业会计的影响，然后从理论与现实两个角度对大数据时代企业会计创新的意义进行了阐述，然后在此基础上对大数据时代企业会计创新的方向进行了明确，为后文对企业会计创新的具体策略的研究提供了详细的思路，起到了承上启下的作用。

第一节 大数据对企业会计的影响

一、大数据影响企业会计环境

会计环境构成了当代我国社会会计理论体系研究的逻辑起点，对于会计体系具有重要意义。会计环境在会计体系中占有重要地位，是会计理论与实务、会计准则等起源与发展的依据，也是政治、经济、文化、科技等宏观环境与会计主体内部微观环境的集合。因此，立足于会计主体，会计环境可以划分为外部环境与内部环境两部分，相互交融又彼此互补。

所谓外部环境，是指存在于会计主体之外且影响会计系统运行的各种因素，即宏观环境因素。外部环境通常是会计主体所无力改变的环境，需要积极适应环境变化带来的新理念与新要求。所谓内部环境，是指存在会计主体内且影响会计系统运行的各种因素，主要有企业的生产规模、组织架构、管理能力、财务理念、会计人员素质等。这些因素都是会计主体所能够决定的，是可以根据企业自身的发展情况与发展目标随时进行动态调整变化的。

无论是从外部环境角度来说，还是从内部环境角度来说，大数据时代都为会计环境带来了根本性的影响。

（一）大数据影响企业会计外部环境

立足会计主体的外部环境，随着大数据的发展与应用，数据逐渐成为重要的生产因素，影响着经济、社会等宏观环境，对于企业财务治理体系的完善也起到了积极的促进作用。

以企业税务管理为例，国家税务局可以利用大数据分析发现部分企业可能存在的涉税风险，并及时开展风险核查。金税三期实现了对国税、地税数据的合并及统一，其功能是对税务系统业务流程的全监控。而金税四期，不仅仅是税务方面，还会纳入"非税"业务，实现对业务更全面的监控。同时搭建了各部委、人民银行以及银行等参与机构之间信息共享和核查的通道，实现企业相关人员手机号码、企业纳税状态、企业登记注册信息核查三大功能。未来，新的税收征收管理系统将充分运用大数据等新一代信息技术，从而实现智慧税务和智慧监管。各个部门的数据共享，以大数据为支撑，实现每个市场主体全业务全流程全国范围内的"数据画像"，未来每一家企业在税务部门面前都是透明的。在此背景下，企业的税务会计工作必须更加严谨、真实，大数据技术对企业合法纳税提供了有力的监督。

（二）大数据影响企业会计内部环境

立足会计主体的内部环境，企业是最常见的会计主体。

首先，在企业内部管理方面，大数据技术驱动了企业商业模式的转变，消费者消费偏好数据唾手可得，为此，企业需要不断创新产品与服务以抢占市场竞争先机。如此情况下，企业的实时决策就成为一项必备的技能，这就要求会计人员对产品数据、客户数据、消费行为数据进行及时地收集、整理、分析，以支持管理层的决策。另外，大数据技术是财务会计和管理会计融合发展的技术保证，二者数据同源，能够使用同一套信息管理系统对原始数据进行收集与存储，有效推动财务会计和管理会计的资源共享工作。同时，整合的会计信息系统能够为企业提供诸如内部控制分析、财务分析、发展前景预测等信息资料，从而更进一步地满足决策者对信息的需求。

其次，在投资者信息需求方面，传统会计报告是一种事后报告机制，及时性面临着挑战，且其内容综合性较强，在具体信息反应上并不充分。同时，传统财务报告以货币为计量单位，大量不能用货币计量的经营管理活动因此无法展示出来，如产品研发、市场开拓等，而这些活动常常是投资者决策所需要的重要信息。因此，传统的会计报告很难满足投资者在大数据背景下想要对企业经营动态及时全面掌握的需求，这就对企业内部财务报告管理机制提出了新的挑战，需要企业及时调整内部管理环境，重视财务报告机制创新以满足投资者决策需求。

纵观会计理论与实务、会计准则的产生和发展过程，会计体系是一个为适应社会经济环境需要而人为建立的一个信息系统管理工具，并非自然形成。在不同历史时期，会计体系都需要进行相应的调整，以突破历史的局限性顺应社会环境的进步，这是会计理论进步的内在要求。换言之，社会经济环境是会计环境的决定因素，不同社会经济环境的会计环境也决定着会计理论与实务、会计准则的发展趋势。如今大数据时代已经到来，会计体系自然也需顺应大数据时代的环境变化进行相应的创新与发展并经过会计实践的考验与验证。大数据时代为大数据会计体系的产生、生存和发展提供了会计环境，并成为大数据会计体系发展的逻辑起点。

二、大数据影响企业会计信息

（一）大数据影响企业会计信息质量

企业会计信息质量要求包括可靠性、相关性、可理解性、可比性、实质重于形式、重要性、谨慎性与及时性。大数据对企业的会计信息质量产生了一定的影响[①]，如图 2-1 所示。

图 2-1　大数据影响企业会计信息质量

1. 大数据影响企业会计信息的可靠性

企业会计信息的可靠性要求企业会计人员必须遵守会计法规，遵循会计核算原则，按照一定的会计核算程序和方法，尽可能提供真实、公正的会计

---

① 成静，彭代斌.大数据管理与会计信息质量[J].中国注册会计师，2018（9）:52-56, 3.

信息，使信息使用者信赖，能够放心地用于投资、信贷等决策使用。然而大数据时代，会计信息来源复杂多样，其数据的可靠性也面临挑战。新的数据类型出现，新的监管空白呼吁监管力度的加强，但天然会存在一定的滞后性，因此基于可能存在的虚假信息所进行的会计数据分析结果可靠性也会受到影响，甚至可能为企业带来负面影响，需要企业会计人员提高信息来源的鉴别能力，保证数据的真实可靠。

2.大数据影响企业会计信息的相关性

企业会计信息的相关性要求企业会计人员要从报表使用者的角度出发，提供与决策相关的会计信息，而会计人员判断哪些信息是报表使用者所需要的时，必然就会带有主观性，因此可能无法完全做到客观公正。大数据时代，相关技术的运用使得信息总量骤然增加，信息过多就意味着不相关的海量信息会给有效信息的筛选和分析带来一定阻碍，对于企业会计人员来说，会计信息数据的筛选工作难度也随之提高，而会计信息的相关性也会受到一定的影响。尽管工作难度较高，但是从会计信息利用角度来说，会计信息充分挖掘可能会使一些过去注意不到的潜在信息价值被发现，从某种程度上提高会计信息的相关性，服务于企业经营的长远决策。

3.大数据影响企业会计信息的可比性

企业会计信息的可比性有两层含义，即纵向可比与横向可比。一方面，纵向可比指同一个企业不同时期可比，只有不同时期的信息可比了，报告使用者才能评价过去、分析未来。准则要求企业执行的会计政策要保持一贯性，不得随意变更就是为了可比性。另一方面，横向可比指不同企业相互之间也要可比，为了方便投资者分析比较，准则要求不同的企业采用相对统一的会计政策，让企业之间相互可比。在纵向可比性方面，大数据时代的会计信息来源与内容更加深入而细微，为深化同一企业不同时期的信息对比带来了便利，各时期、各指标的纵向对比更加细致，对会计信息使用者更具参考价值。在横向可比性方面，大数据时代的同一时期内不同企业间同类交易的可比性也得到增强，对于投资者对比企业发展趋势，做出投资决策更加有利。不过，海量数据的出现也会使企业会计信息需要进行对比的要素增多，这就会使横向和纵向比较的工作量加大，提高企业人工成本。

4.大数据影响企业会计信息的及时性

信息都有时效性，企业会计信息也不例外。企业会计信息的及时性要求企业对已发生的交易或事项及时确认、计量和报告，便于投资者及时使用和决策。但是在实际工作中，一笔交易的确认有固定的流程，要经过一系列的复核和审批，还要收集各种原始单据并经过会计处理，最后形成有效信息，等信息传递出去的时候时效性已然受到了影响。要想保证企业会计信息的及时性，最好的办法就是对信息传递的流程进行改造，让业务信息流与财务信息流无缝对接，这就需要在会计信息化建设上多下功夫，而大数据技术的出现恰好为企业会计信息化建设提供了助力，提高了会计信息的收集、存储、分析、输出与应用的整体速度。

（二）大数据影响企业会计信息收集

在会计工作中，从不同的来源和渠道取得的各种原始会计资料、原始凭证及记账凭证等都称为会计信息。大数据时代，结构化与非结构化数据都成为企业会计信息的来源，给企业会计信息的收集工作带来了挑战。大数据技术可以帮助企业对这些多样化的数据进行收集并降低企业会计信息的收集成本。

1.大数据改变企业会计信息收集方式

自最早的手工收集会计信息的方式被淘汰之后，会计的信息化建设已成为企业会计信息收集的主要渠道。通过建立完善的企业管理系统，企业可以将其他部门，如采购部门、生产部门、销售部门等，与财务部门紧密结合起来，实现数据共享。由其他部门负责在管理系统中输入数据，如采购部门输入采购信息、生产部门输入生产信息、销售部门输入销售信息，然后财务部门的会计人员即可通过管理系统收集到所需要的原始信息，并在线完成记录、计算等工作，生成有关报表，其他相关部门还可以对报表的数据进行复核。

大数据时代，数据的复杂多样对会计的信息化建设提出了更高的要求。在大数据技术的支持下，企业会计信息的收集方式得到了创新[①]，即通过软件开发接口采集数据，如软件接口方式、开放数据库方式、基于底层数据交换的直接采集方式等。

首先，软件接口方式是最简单的一种方式，企业根据软件商家提供的数据接口就可以实现会计信息的收集，保证数据收集的实时性、可靠性与价值性。具体来说，企业首先要邀请软件设计者到场，使其了解企业内部的业务系统与财务系统流程，针对财务数据库软件接口设计制定可行方案，然后设计出相应的软件系统并提供给企业数据接口，便于会计人员操作。

其次，开放数据库是大数据时代企业会计信息收集最直接的方式。企业要先行建立一个数据库用于数据存储，再与软件进行相连，利用软件进行数据的收集。开放式数据库要求两个数据库之间的数据类型相同。为此，企业在进行数据库的实际设置时，可根据两个数据库是否位于同一服务器而选择是否需要链接。如果这两个数据库位于同一台服务器上并且用户名没有问题，就可以直接进行数据互通。如果这两个数据库不位于同一个服务器上，则需要链接服务器，允许服务器外围访问。采用开放数据库方式进行企业会计信息的收集，能够提升会计信息的准确性与实时性。

---

① 王玉武.大数据环境下对企业财务会计影响研究［J］.财会学习，2022（23）：1-4.

最后，基于底层数据交换的直接采集方式也需要先行建立一个数据库，然后借助流量包形式的软件系统完成底层数据、数据库与软件客户之间的数据交换，通过对数据进行再结构化与转化的方式向新数据库中迁移数据。这种数据收集方式可以实现实时传输、秒级响应，且配置简单、周期较短，不仅能够进行数据的收集，还能对数据进行挖掘和分析，为企业带来更为专业的技术支持。

总之，企业会计人员借由大数据技术进行会计信息收集时，需要意识到数据收集工作的重要意义，根据企业实际情况灵活地选择相应的方式，真正把大数据技术合理地应用到日常会计信息收集工作的实践当中，最大限度地提高会计信息的收集效率。

2.大数据降低企业会计信息收集成本

传统会计信息化建设对基础设备，如机房、办公室等要求较高，既要定期维护更新，还要组织会计人员进行培训，让他们能跟上时代发展步伐，无形中加大企业成本。大数据时代来临，数据与信息的收集与传递更加迅速与便捷，企业无需再花费更多资金来准备相关基础设施的建设，无需考虑设备维护难题，仅需支付少量技术费用即可获得企业发展所需的各类会计信息，极大地降低了企业会计信息的收集成本。此外，大数据时代的企业会计信息收集更加地简便，系统会自动进行数据采集并简单筛选出有用的信息，企业会计人员仅需按照自身需求从海量数据中抽取有用信息并经过二次整理后投入使用，极大节省了人工成本和时间成本。

（三）大数据影响企业会计信息存储

在企业会计数据存储方面，大数据对于企业会计数据存储的影响主要表现为以下三个方面，如图2-2所示。

图 2-2　大数据对企业会计信息存储的影响

1. 数据存储虚拟化

虚拟存储在会计信息化建设初期所使用的计算机虚拟存储器上即得到了充分体现。该技术将多种存储设备的空间进行汇总，并对存储空间的分配进行灵活的部署，以达到提高已有存储空间利用率的目的，同时避免不必要的设备支出。存储虚拟化优势明显，能够实现存储系统集成、提升存储空间利用率、简化系统管理、保护原投资，这些目的的达成也需要大数据技术作为支撑。存储虚拟化的中心任务就是将物理存储设备映射成一个单一逻辑资源池，并通过虚拟化技术向企业提供一个虚拟磁盘或者虚拟卷，企业可以根据需求对其进行任意分割、合并、重新组合等操作，分配给特定的主机或应用程序，隐藏或屏蔽企业具体物理设备的各种物理特性。存储虚拟化能够提高存储利用率、降低成本、简化存储管理流程，而基于网络的虚拟存储技术的开放性、扩展性、管理性及其他优势，都会在数据大集中和异地容灾等应用上得到充分展示，成为一种必然的发展趋势。

2.数据存储空间拓展化

大数据时代数据量爆炸式增长、数据来源不断丰富，这使得企业会计数据类型庞大、复杂多变，而且传统式会计数据库尚不能存储这么庞大的会计数据量，因此需借助大数据技术对企业会计信息数据进行存储。企业也可以根据自己的实际需要设计出不同的数据模块来对数据进行有效的整理和储存，会计人员也可以通过大数据技术对会计信息数据进行分割，形成客户服务数据库、销售数据库、生产数据库和采购数据库等，甚至还可单独新建容量更大的数据库用于储存会计信息数据。

3.数据存储安全可控

根据当前发展趋势，企业存储管理重心已由存储资源管理向数据资源管理过渡。会计信息数据对于企业来说特别重要，而且通常默认为内部独享，这就要求保证企业本身操控安全。随着存储系统的日益庞大，数据在存储系统中的时空分布就成了保证其存取性和安全性的关键。随着企业逐渐意识到数据安全的重要性，加密算法成为了保证数据存储安全性的重要途径，将全部内容变换为编码，应用数据加密信息，只有会计人员能够编解码。此外，确保企业会计数据安全也要借助会计信息备份这一服务项目，也就是通过云空间对会计数据进行备份，如果有数据缺失的话，云空间会提供数据转移下载等服务功能。

综上所述，在大数据时代，面临复杂多变的会计数据存储需求，企业应积极主动地创新并改进数据存储体系及存储方式，跟上智能化储存技术发展步伐，构建高品质的会计信息储存体系。

（四）大数据影响企业会计信息分析

通常而言，企业会计分析方法主要包括：水平分析法、垂直分析法、趋势分析法等。这些传统的会计分析方法存在着效率低下、指标单一，仅能反映企业以往财务状况等局限性。大数据技术的参与，使得企业会计分析速度得到了很大提升。

从水平分析法上看，大数据技术能够将网络上无数的信息与企业以往几年的历史数据进行快速的筛选对比，最后求出不同时期的同项数据的绝对值增变化、变动率以及变化比率值。

从垂直分析法上看，大数据技术借助云计算平台可以对企业会计信息进行快速测算分析，云计算分析的优势是提高数据传输和共享的实效性，即在保证数据不失真的情况下，实现最高速的不同结构数据之间的转化。在以云计算为核心的数据分析中，常见的数据分析工具为因果预测分析工具、时间序列分析工具、回归分析工具、决策分析工具、聚类分析工具等。在云计算的帮助下，企业可以实现数据库的大范围比对，快速获得报表上每个项目与总额的比值、本期和上期同一项目所占比例变化等结果，并分析出每个项目对本企业运营的意义。

从趋势分析法上看，大数据技术下的特殊存储系统发挥了一定的功能，可以基于企业持续数年或者多个时段的数据，利用云计算平台，按照指数或者完成率来计算趋势比率或其他相关指标，最后以指数结果为依据，判断企业各项指标变动趋势是否合理，进而对企业未来发展进行展望。

（五）大数据影响企业会计信息的输出与应用

1.大数据影响企业会计信息输出

大数据时代，企业会计信息的输出呈现多样化特征。为了满足不同的会计信息输出需求，企业会计人员需要灵活设计相应的会计信息输出形式，如表格、文本、视频、演示文档等，并从会计信息数据的结构类型入手，输出结构化数据、非结构化数据以及半结构化数据，为企业的经营决策提供具有直观性的数据呈现形式。

2.大数据影响企业会计信息应用

企业会计信息的收集、存储、分析、输出，最终都是为了应用。大数据技术提高了企业会计信息应用价值，具体体现在以下几个方面。

（1）在预算管理方面，以往财务预算多是依据企业历史数据来分析、编制企业预算较少考虑前端业务及后端业务在其中所扮演的角色。大数据技术能够便捷地对相关经济业务数据开展采集、整理与分析，并形成对应的管理与评价模型。同时，大数据技术能够基于企业预算要求，多来源、多维度、多层次地分析企业会计数据，拓展企业财务分析的宽度与深度，使企业会计信息更具应用价值。例如，基于管理评价模型生成的财务分析报告能够有效地实现预算环节与决算环节之间的衔接与反馈，准确地体现预算编制与预算评估过程，让企业财务分析与预算更精准，促进企业预算编制更具科学性与合理性。

（2）在绩效管理方面，企业绩效管理要求依据企业实际经营状况以及不同工作岗位与员工制定出科学合理的企业绩效管理系统。会计核算是绩效管理的基础，当企业会计人员年初将预算编制完毕之后需要其他部门根据预算方案严格执行，绩效管理工作就是根据预算里的财务、业务指标及预算外的关键事项对各部门负责人进行绩效考核，公司量化的考核指标高层以财务数据为主、中层考核指标则是财务数据和业务数据并重、员工考核指标以业务数据为重，因此，绩效管理是企业会计信息应用的重要领域，大数据技术能够实时采集企业各个部门以及员工在工作期间的真实、有效的数据，有助于企业管理人员在绩效管理方面及时了解相关情况，并对各个部门进行协调，确保企业正常运转。对执行中存在的问题结合绩效管理信息反馈有针对性地采取措施对预算方案加以完善，辅助企业更好地实现发展目标。

（3）在成本管理方面，大数据技术能够采集到生产过程的多种基础信息，其中包括原材料信息、车间内的生产指标以及管理人员、普通员工的工作时间和产品质量信息、变动成本及固定成本信息，据此全方位分析生产成本数据，兼顾生产成本预算及同类产品市场售价，实时监控与管理产品生产过程，确保生产正常进行，优化生产成本相对高的任务与环节，减少各项生产成本开支，严格控制生产成本上升。另外，大数据技术还能够为相关管理人员提供多种成本分析报表以及多种建议报告，服务于企业的成本管理决策，对生产成本进行进一步控制，发掘企业利润空间。

（4）在风险管理方面，企业风险管理就是要处理好影响企业资金和生产运营安全等各方面可能存在的风险，因此企业有必要科学地分析各方面可能存在的风险，对于风险采取应对、转移、回避等措施，确保企业的正常经营。大数据技术可以收集多种影响企业风险的会计数据，并对其进行整理与分析，通过关联规则分析、偏差与异常分析、聚类与分类分析等多种数据挖掘算法，从中发掘出宝贵的会计信息以提供给有关管理人员作为决策依据。另外，大数据技术还能及时地获得各类市场信息，并将其与企业以往及当前经营情况以及未来经营趋势相结合，对会计相关信息数据进行深入分析，提出前瞻性风险管理建议以修复企业风险漏洞、提升风险管理能力、推动企业平稳快速发展。

三、大数据影响企业会计价值创造能力

大数据时代下，企业会计价值创造能力受到大数据应用的影响。新技术的应用能力将成为企业会计人员技能体系中的一个必备技能，利用大数据技术，企业会计人员可以更快地进行信息的相关处理，而大数据与其他数字技术的结合，将会组成一个智能化会计系统，引领会计信息化建设进入一个新的征程，实现会计信息数据的智能化全面分析，不仅节省了工作成本，而且

提升了信息的处理速度，为会计信息的使用者决策提供更高的参考价值，具体表现在以下几个方面。

第一，企业会计人员可以基于大数据技术利用数字资产管理系统创造价值。数字资产管理系统能够对企业数字资产进行协调，保证把数字资产集中到一个可以访问的、安全的、逻辑设计好的存储库进行存储，并且通过利用这些数字财产来支持企业的高效经营。

第二，企业会计人员可以基于大数据技术协助企业通过借助绩效管理创造价值。管理会计人员可以利用数据可视化来向企业决策者展示信息，数据可视化有利于对关键数据进行友好访问展示，更加方便公司高层以此来实施绩效管理，控制成本。

第三，企业会计人员可以基于大数据技术针对细分的管理会计报告主体层次，如战略层、管理层和运营层，以数字化的财务共享中心整合后的各节点数据信息作为基础，向企业管理人员及时、可靠地传递与不同层次报告主体的决策、操作和执行相对应的会计信息，以满足不同层级决策需求，例如，战略层决策涉及公司战略目标确立、战略计划制定及战略执行等方面，因此管理会计报告需要涵盖公司经营决策、资本计划、业务计划、供应商与客户的管理信息，研究与开发、采购、生产、库存、营销等方方面面的信息。同时，企业管理会计人员还可以推动不同层级报告主体的信息传递与协调，并进一步推动企业管理模式变革。

总之，善于应变的企业正是以灵活的架构、精益的流程以及前瞻性的思维去迎接时代的变化，从而在市场中立于不败之地。

第二节　大数据时代企业会计创新的意义

一、理论意义

大数据时代，企业会计创新有利于进一步完善会计理论体系，促使我国从实际出发探索出适合中国国情的会计理论并制定出完整的中国特色会计制度，从而促进会计领域在我国的发展。大数据时代的企业会计理论体系创新具体包括以下四个方面，如图 2-3 所示。

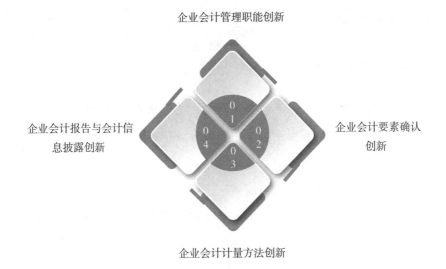

图 2-3　大数据时代企业会计理论体系创新

（一）企业会计管理职能创新

要想实现大数据平台在会计管理职能当中得到应用，企业必然需要对传统会计核算、监督的职能进行创新，朝着会计信息化管理体系升级和会计核算管理模式精细化发展，不断在企业会计信息中挖掘有价值的信息，使会计的管理效果不断增强。大数据平台的搭建有利于在现有会计信息化管理体系的基础上升级各项功能，对云会计进行加工、计算，并在云平台上进行存储，还可以让企业实现网络通信互动，精细化地涵盖企业会计财务信息生成、上传、计算、存储的整个过程，并实现由局部到整体的通信。在大数据环境中，企业可实现对自身会计信息数据的有效搜索，并可动态地分析这些信息数据并完成多样化展示，使得企业会计管理工作更具有高效性与便捷性，可以更方便地核算企业发展相关数据信息，并事无巨细地监督企业经济活动合法合理、真实可靠。

（二）企业会计要素确认创新

会计要素的确认建立在专业会计理论之上，企业根据会计准则把会计信息划分为六大要素，这些要素也正是企业会计信息处理的核心内容。在互联网发展的大背景下，大数据对企业会计要素的认定正在逐步削弱会计要素边界，这促使了企业会计分录体系的创新。企业成本费用越来越多元化，更多的潜在利润项目开发出来，企业不再依赖现有模式来获取利润，且每一项经济活动所产生的会计数据都能被大数据精确地归类和总结出来，于是企业各要素就得到了更为全面地展示。同时，"互联网+"的去媒介化作用推动了以用户为中心的企业扁平化发展。信息不对称的现象得到缓解，企业制度更加完备，专业化、智能化的劳动分工使得企业大数据会计要素包括数据、人力、物力三大内容。因此，大数据时代企业会计等式为：

数据资产＋人力资产＋物力资产＝数据权益＋人力权益＋物力权益

这一等式体现了企业会计要素确认的转变，高度肯定了数据和人力劳动的价值，物力价值不再居于主导地位。

（三）企业会计计量方法创新

对于会计计量方法进行创新是由于大数据时代企业发展到一定阶段所探究出来的会计概念和会计要素较多，传统的会计计量方法判断这些新兴要素种类，不能进行准确分类，因此，创新会计计量方法的应用则能够有效地解决这一难题，并通过历史成本计量、公允价值计量或现值以及可变现净值来综合地判断会计要素要点。结合大数据环境，企业可以加入时间、数量、容量等必要的计量单位，还可以将企业社会责任、环境保护责任纳入考虑范围，使会计信息内容更充实。

具体而言，为适应会计信息使用者对会计信息个性化要求，企业可借助大数据平台计算功能，采用设定计量方法，不需要会计人员操作就能完成数据处理工作，将结果经过验证并投入应用，由此完成会计要素分类计量工作。详细的步骤和方法为：第一，企业基于大数据技术和其他智能技术重构会计核算组织流程和方法，实现结构化加非结构化数据的自动采集，并自动录入到大数据会计系统中，同步确认计量经济业务与会计业务；第二，企业结合云计算的存储、计算及分类功能，完成大数据会计信息数据的智能化加工和产出，以供信息使用者参考。

（四）企业会计报告与会计信息披露创新

企业会计报告创新就是借助大数据平台利用数据来填补企业财务信息，并通过数学模型以数字的形式来体现企业经营状况。通常情况下，企业会计财务报告内容较多，包括各类会计报表及财务报告说明书与附注，借助大数据平台分析功能与动态演示功能，可以让财务报告更加清晰具体地展现在企业管理者面前，并为管理者做出判断与决策指明方向。

企业会计信息披露创新在于借助大数据平台的自动分析与储存功能对企业内部财务信息进行汇总、加工，以满足企业各层级会计信息需求，为企业调整经营计划提供量化的数据参考。受益于大数据平台可以对数据进行及时存储以及综合演示数据动态变化等功能，管理者可以对企业所存储数据进行随时查看，并智能化地筛选出所需要的会计数据，这正是企业借助大数据平台在信息披露方面实现的创新，有助于提升企业经营计划的制定成效。

二、现实意义

大数据时代，企业会计创新的现实意义体现在技术发展、企业发展、社会发展三个方面，如图 2-4 所示。

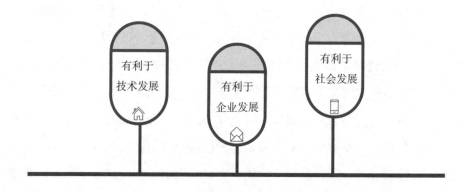

图 2-4　大数据时代企业会计创新的现实意义

（一）有利于技术发展

众所周知，"科技是第一生产力"。科学技术是人类认识世界、改造世界的有力工具，大大促进了人类社会发展进程。

大数据时代下，大数据技术已经成为企业会计创新必备的手段，大数据技术改变了传统会计所依赖的资源环境、技术环境以及需求环境，传统会计有必要重新考虑为谁创造价值、创造什么价值、如何创造价值、如何实现价值、如何计量与分配价值等问题，这些问题关系到传统会计的内核和本质，已经不再是传统会计系统适应性改变所能够解决的，因此，传统会计体系创新已经成为必然。

反过来说，企业的会计创新也对会计技术工具提出了更高的要求，促进了会计技术的不断发展。纵观会计发展的历史，无论从会计萌芽阶段还是从会计产生、发展和完善阶段看，技术的不断进步与应用都促进了会计理论、会计实务和会计准则的不断演化。战略会计、人力资本会计、社会责任会计、环境会计、商誉会计等概念不断涌现，但在实际应用中时常因为会计确认、计量、核算和分析中存在着技术上的制约，在此背景下，从会计信息化技术领域寻找突破、促进会计相关技术的发展不失为一种可行的路径。过去十年中，我国在大数据技术领域实现了快速发展，特别是在与人机交互技术、区块链技术、传感技术、物联网技术、人脸识别技术等数字技术的融合应用中实现了数据抓取、数据挖掘、数据分析等相关技术的进一步升级，对会计数据的产生、传输、存储、过滤、操作、分析、验证等每一个环节都提供了重要的助力。

近年，在会计创新的要求下，大数据技术不断累积和沉淀，我国大数据算法、算力、算料均有重大突破，会计体系大数据应用跨越"不能用"向"可以用"技术拐点，进入"必须用""怎么用"应用探索阶段。大数据技术和会计的深度融合，将是今后会计体系发展的方向，一个以大数据技术为核心的大数据会计体系正在逐渐成型。

（二）有利于企业的发展

从企业发展角度来说，大数据时代企业会计创新的意义在于转变企业思维，促进企业决策，从而有利于更好地实现企业发展。

1.转变企业思维

大数据时代的企业会计创新首先改变了企业思维。思维是人脑对客观事物本质属性和内在规律的认知。人类文明之所以取得如此成就，是因为人的思维能力十分强大，人的任何社会实践无不以"思维"为引导。

在大数据时代到来前，机械思维是人类主要的思维方式。长期以来，我国传统会计体系通过重视经济活动中的确定性和会计数据对会计活动的因果关系，确保会计信息的客观性、真实性和可靠性，这体现了传统会计体系机械思维的应用。机械思维从某种程度上保证了传统时代下传统会计信息质量，对于传统会计体系生成、发展和完善具有十分重要的意义。而在大数据时代下，运用机械思维保障会计信息质量这一思维模式反而可能阻碍会计信息质量提高，主要体现在两方面：一是机械思维使得很多重要价值信息不能融入会计体系，如非结构化和碎片化的数据价值信息、人力资本、顾客价值、社会价值、生态价值以及其他不确定的价值信息；二是大量非结构化和碎片化的数据稀释了传统会计数据价值密度，机械思维可能导致会计信息相关性无法得到保障。大数据时代万物互联已经实现，对企业事务的记录方式已经发生根本变革。过去的企业事务一般都以整体的形式进行记录，而大数据时代的事务可根据需求切割为无数个片段之后进行记录，并且这些片段化的记录还可通过数据画像等形式进行重组和恢复。过去企业事务间的关联一般都能从简单因果关系中推测出来，到了大数据时代事务间的关联就更复杂了，除那些显而易见的因果关系能得到准确推测外，事务间的关联更多地互为因果、互为相关，从而产生大量跨界事务，事务间边界日益模糊，非黑即白的确定性状况不断减少，事务发展早已经超越了单纯确定性公式和因果关系的解决能力。

因此，大数据时代企业会计创新思维方式，树立大数据思维必然会给企业的发展带来更好的助力，以便企业尽快适应时代环境的变化。大数据思维一般包含三个维度，即定量思维、相关思维、实验思维，向企业传达着多样、关联、动态、开放等的信息，已经深入到企业经营活动的各个环节。企业通过大数据能够清楚地看到事务的性质和内在规律，从而彻底改变了对于会计世界的理解，并指导企业运用大数据思维来破解传统会计体系中所存在的内在困境，如从海量的碎片化和非结构化数据中挖掘出所隐含的企业价值信息；实现人力资本、顾客价值、社会价值和生态价值的测量和确认；揭示各种会计信息和企业价值之间的联系；构建大数据和企业价值的相关性分析模型等。

由此可见，大数据思维是对传统会计机械思维的一种补充，能够在会计信息完整性、可靠性、相关性、时效性和开放性上提升企业会计信息质量，加强内外部会计信息融合，有利于改善会计信息的不对称，从而更好地服务于企业发展需要。

2.促进企业决策

对传统会计体系而言，会计目标就是会计工作的标准，是连接会计理论和实践的纽带，对此学术界有两种有代表性的观点：一种是受托责任观，另一种是决策有用观。受托责任观主张因所有权与经营权相分离而使企业受托者有责任向委托者说明自身决策行为及其成果，此时企业会计目标就是向企业委托者报告受托管理情况。决策有用观主张会计目标在于向已有的和潜在的投资者、债权人及其他外部财务信息使用者提供进行合理投资、信贷、评估和决策的有用信息。以上两种观点本质上并不相悖，均认为会计以提供信息为目的，只不过对信息提供对象的界定略有不同。受托责任观中信息的提供对象是企业委托者，即经营者向所有者提供信息；而决策有用观中信息提供的对象既包括企业委托者也包括债权人、政府以及其他与企业联系紧密的信息使用者。

由前文可知，大数据时代对传统会计体系产生了很大影响，会计信息质量受到考验。从企业价值方面来说，关注未来的长期投资决策要重要于关注当前的短期经营决策。过去机械思维下的传统会计体系更加注重可靠性，这种可靠性其实就是既定准则内部的可靠性，传统会计视准则为责任，而非企业管理者和企业价值。从这一角度出发，传统会计体系只是研究怎样事后记账、算账和报账的一种手段，传统会计信息和企业管理及决策相关性并不充分。在大数据时代下，随着大数据计算、存储和分析技术的不断推进，非结构化和碎片化的数据如图片、音频、视频、文字等价值信息都会被纳入大数据会计的信息范围，全样本数据和价值信息开放共享使得企业会计信息在相关性上具有优势，有助于促进会计信息相关性的提高，实现决策有用化，以适应不同决策者对不同会计信息的需求，提高决策的准确性，最终促进企业发展。

（三）有利于社会发展

传统会计体系下的会计工作一般以维护投资者和股东的利益为核心，其价值观与目前大数据时代的以人为本、共同富裕、生态文明、合作共赢等先进社会价值观匹配度并不高，因此，大数据时代的企业会计创新可以从价值观的角度提高公共理性，促使企业主动承担社会责任，从而有利于社会的整体发展。

"公共理性"一词最早出自西方，作为社会学名词出现，指超出一己利益之外的公共意愿或者意志，它显示出一种被社会所高度肯定的理念和价值。公共理性以公共性为核心，实质是公共之善和社会正义，以谋求最大公共利益为宗旨。社会公共理性在不同时代具有不同的含义，是一个不断发展变化的观念，只有顺应历史发展潮流、代表着最广大人民根本利益的社会公共理性才能凝结为最为强大的发展合力，从而促进经济社会健康可持续发展。

社会公共理性地建立有很多因素，比如政治经济制度、人口结构和状况、社会发展理念等。"以人为本"是当今时代的核心价值理念，因此，我国社会的公共理性也必须"以人为本"，才能代表最广大人民群众的公共利益。我国会计学家杨时展教授有一句名言："天下未乱计先乱，天下欲治计乃治。"其中的"计"即指会计体系，这充分表明了会计体系对社会公共理性的建立和国家治理体系与治理能力发展的巨大作用。

会计体系是国家治理和企业管理的一项重要工具，必须从属于国家治理和公共理念，所以其核心理念必然是"以人为本"。自改革开放后，我国的经济体制由传统的计划经济向有中国特色的社会主义市场经济过渡，我国会计体系主动与国际会计体系接轨。但是，无论在会计对象上，还是在会计计量、确认和利益分配上，西方会计体系中处处都蕴含着"以物权为核心"的理念，造成劳动者和资本所有者地位的不平等，这种不平等偏离了大数据时代的社会公共理性。

因此，大数据时代，企业会计借助大数据的分析优势搭建起人力资本和企业价值之间的桥梁，帮助人力资本进行计量和确认，彰显出人力资本的价值并改变了人力资本面对物权资本时的弱势地位，与"以人为本"的社会公共理性的核心价值理念完美结合起来，有利于促进社会的整体发展。

第三节　大数据时代企业会计创新方向

一、大数据时代企业财务会计创新方向

根据企业财务会计基本内容，企业财务会计日常工作主要是对企业财务信息进行确认、计量、记录、报告，最终将结果呈现给企业内外部的信息使用者，以供其决策参考。可以说，财务会计目标、财务会计信息处理、财务会计报告结果共同构成企业财务会计的核心内容。因此，企业财务会计创新即可从以上三项核心内容出发。

（一）企业财务会计目标创新方向

众所周知，企业财务会计目标定位指的是应当考虑为谁提供什么样的信息，而近年来随着大数据时代的到来，财务会计工作不再拘泥于传统的记账、落实等表层内容，实现了定位的转变，从一个被动的信息提供者转变为一个主动的信息挖掘者，更加贴近信息使用者对于企业经营信息的需求，这正是企业财务会计目标创新的方向。

（二）企业财务会计信息处理创新方向

财务会计信息对企业的决策具有辅助与支持的作用，因此信息的有用性关系到决策的准确与否。与此同时，企业财务会计工作是保证公允计量的重要手段，只有会计信息能够客观地反映企业财务经营工作的状况，才能为相关的经营管理工作提供必要的依据。大数据时代，企业数据的更新和发布日

益增多，在接踵而至的数据面前，公允价值变得越来越透明，这一点不仅极大地提高了财务会计工作总体的可靠性和科学性，也进一步规范了企业财务会计工作的工作步骤和工作流程，为克服主观判断等不利因素的发展奠定了良好基础。因此，大数据时代要想进一步提高企业财务会计信息的价值，必须借由信息化建设的方式创新企业财务会计信息处理方式，摆脱数据分析的人为主观影响，这才是企业财务会计信息处理创新的方向。

（三）企业财务会计报告创新方向

财务会计报告是企业向财务会计报告使用者提供与企业财务状况、经营成果和现金流量等有关会计信息，反映企业管理层受托责任履行情况的书面报告。从某种角度来说，企业财务会计报告是企业财务会计目标实现的具体形式。大数据技术对企业财务会计报告具有重要影响，可以增强财务会计报告数据支持、提高财务会计报告质量、扩大财务会计报告范围、实现财务会计报告数据动态化管理。因此，财务会计报告的创新需要从内容和形式入手。

二、大数据时代企业管理会计创新方向

根据企业管理会计基本内容可知，企业管理会计是对企业内部的经济活动进行预测、决策、规划、控制、评价，为企业管理者提供相关信息，以求实现企业经济效益最大化、企业价值最大化。因此，可以说，管理会计工作的主要内容是为企业内部业务活动、成本控制、风险规避等决策提供信息。对应到具体的工作内容即包括业财融合、预算管理、成本管理、风险管理等。

（一）企业业财融合创新方向

业财融合指将业务发展与财务管理结合起来，用财务数据评判企业业务的开展是否符合企业发展战略目标。要实现企业业财融合创新，就必须实现深层次的融合，让财务从反映和监督业务决策进化到参与业务决策，继而评价和指导业务决策。大数据时代，业财融合呈现四大发展趋势：数据融合化、信息实时化、业务场景化、分析数字化。为此，管理会计人员需要借助大数据技术促进业财深度融合。

（二）企业预算管理创新方向

预算管理体现了企业管理会计的规划职能，预算管理是成本管理的基础，是部门职责划分的手段，可以协调业务部门与财务部门的关系，推动企业健康发展，对企业十分重要。大数据时代，企业预算管理创新方向在于运用各种技术并借助其他辅助条件，实现预算方案编制的精细化，强化企业预算方案的执行效果。

（三）企业成本管理创新方向

企业以营利为目的，企业的各项成本直接关系到其利润的大小。为此，成本控制一直是管理会计工作的重点内容，也是管理会计的创新要点。企业成本管理包括组织成本管理、生产成本管理、投融资成本管理等方面，因此，大数据时代企业成本管理创新方向就是借助大数据技术和其他辅助条件实现企业各项成本的控制。

（四）企业风险管理创新方向

企业风险无处不在，识别风险、分散风险、规避风险是一个企业风险管理的重要内容。也就是说，要有外部风险敏感度，风险敏感度越高，应变能力越强，企业发展就越稳。因此，大数据时代，企业风险管理具有数据综合性、管理前瞻性、技术复杂性的特点。大数据技术的应用可以为企业风险管理工作的开展提供更多的风险信息，提高风险评估的科学性，并帮助管理会计建立动态风险预警机制。因此，企业风险管理创新方向就是利用大数据技术提高企业识别风险、应对风险的能力，帮助企业将风险损失降到最低。

三、大数据时代企业财务会计与管理会计融合发展方向

管理会计和财务会计之间既相互联系，又有所区别。随着企业管理的不断发展，二者在企业内部呈现不断融合的趋势。在具体实践中，企业应当从技术融合、工作融合、管理融合三个角度构建全面融合体系，促进管理会计和财务会计的有机融合。

（一）技术融合方向

在大数据等技术的影响下，企业财务会计与管理会计融合发展就是要构建数智化的财务体系，将财务会计与管理会计都纳入其中组合成一个综合的会计信息管理系统，并与企业内部信息管理系统相连接。通过这一方式，会计部门在日常工作中，不仅能够实现对企业各项业务的实时管控，还能够随时获取相对应的信息，提高会计信息的真实性与准确性。同时，企业还可发挥大数据技术优势，利用大数据技术进行相关信息的整合与管理。

（二）工作融合方向

从工作对接角度来说，企业财务会计与管理会计融合发展就是要重塑会计工作流程。财务会计工作主要是基于会计领域的相关准则和内部制度来开

展会计核算，向企业内部和外部提供企业经营活动的数据信息。而管理会计工作是通过科学合理的措施来满足企业内部各层次管理人员的特殊信息需求，主要是对内进行服务。大数据时代，会计能够帮助企业管理层正确决策重要的管理活动，其价值得到进一步肯定，同时也对其工作质量提出了更高的要求。因此，企业必须重塑会计工作流程，实现会计工作的整体优化，全方位提升会计工作品质。

（三）管理融合方向

从企业管理角度来说，企业财务会计与管理会计融合发展就是要健全财务管理制度，从制度层面对财务会计与管理会计的工作职责进行统一，实现二者数据共享、工作协同，共同为企业信息使用者提供更加优质、全面的信息，提高企业决策的科学性与正确性。

四、大数据时代企业会计人才队伍建设创新方向

人才是企业发展的动力，每个企业都希望拥有创新性强、技术性高的人才。大数据时代，企业财务会计创新、管理会计创新、财务会计与管理会计融合发展这三方面的工作都需要一支懂技术、会分析的高素质专业化会计人才队伍进行落实。为此，企业需要从人才选拔与培养、人才考核与激励两个方向实现大数据时代企业会计人才队伍建设创新。

（一）人才选拔与培养方向

人才选拔是为了找到与企业会计创新工作开展相适应的会计人才，人才选拔既包括外部引进、也包括内部筛选，为此企业需要明确人才选拔的标准，以便后续选拔工作的开展。

人才培养是为了提升已在职会计人才的能力，为他们提供更多学习的机会，使其随着时代的要求不断进步，更好地与企业发展的脚步相适应，保障企业工作的顺利开展。

（二）人才考核与激励

人才考核是为了掌握会计人才的工作情况，以便及时对企业会计人才队伍进行优化，对与企业发展不相适应的人员进行淘汰，保证企业会计人才队伍的品质。

人才激励是为了更好地提高会计人才工作的积极性，也是为了更好地满足员工物质与精神方面的需求，以便留住人才，保障企业会计工作的稳定进行。

第三章 大数据时代企业财务会计创新策略

　　财务会计创新是大数据时代企业会计创新的第一个方向。大数据背景下，企业财务会计创新是顺应信息时代要求作出的必然选择，可以为财务会计工作提供支撑。随着大数据及相关技术的应用，通过建立数据库，满足会计信息需要，为各项会计工作开展提供支撑，有利于促进会计工作效率的提高，降低工作差错的概率，从而更好地为企业发展服务。财务会计是会计工作中最基础的部分。本章研究就是立足于这最基础的工作，从财务会计目标创新、财务会计信息化建设创新、财务会计报告创新三个方面入手，研究大数据时代企业财务会计创新策略。实现企业财务会计目标创新实质上是为了转变财务会计定位，促使财务会计从一个被动的信息提供者转变为一个主动的信息挖掘者，更加贴近信息使用者对于企业经营信息的需求。实现企业财务会计信息化建设创新是为了进一步提高企业财务会计信息的价值，摆脱数据分析的人为主观影响，简化会计人员工作。而实现企业财务会计报告创新是为了更好地向报告使用者进行信息的展示，提高报告的质量。总之，企业财务会计创新是对大数据时代企业财务会计工作的一次重塑。

第一节 企业财务会计目标创新

一、企业财务会计目标相关介绍

（一）企业财务会计目标的内涵

会计目标既是一个理论问题，又是一个实践问题。尽管会计目标是人的主观认识的产物，但是它不是纯粹的主观范畴，在一定历史条件下会受客观上存在的经济、法律、政治与社会环境等因素的影响，且随着环境不断发生变化。

财务会计目标是财务会计基本理论的重要组成部分，是财务会计理论体系的基础，即预期会计所要达到的目的或境界，整个财务会计理论体系和会计实践都是以财务会计目标为基础的。根据主体的不同，企业财务会计目标包含三个方面：一是提供符合国家宏观经济管理要求的会计信息；二是满足企业内部经营管理的需要；三是满足有关各方了解企业财务状况及经营成果的需要。

从宏观角度分析，所谓企业财务会计的目标主要是指企业结合自身实际的经营现状与发展规模，为其量身定做的企业发展规划以及未来的发展方向。可见，无论是何种类型的企业，财务会计的目标内容在企业中均占据重要地位，而对于目前的企业体制而言，要想使得企业盈利得以提升，就必须制定相应的财务会计目标，故此，财务会计目标的制定工作在企业发展中发挥着极为重要的作用，只有如此，企业后续的经营管理与发展才能确保有条不紊地进行。具体而言，要想制定出切实可行的财务会计目标，首先应当结合企业自身实际的发展状况，充分考虑目标制定的稳妥性、合理性以及科学性，并使其在企业运行中具有可波动的操作空间，且可以为企业的经营管理等工作提供有效的指引，此外，上述内容中最关键的便是目标的可操作性，为企业发展带来真正意义上的有效帮助。

（二）企业财务会计目标服务主体

企业财务会计目标的核心是向会计信息使用者提供会计信息。企业会计信息的使用者包括政府职能部门、金融机构、证券市场上的职业投资者、非国有的一般投资人以及企业自身等，如图 3-1 所示。

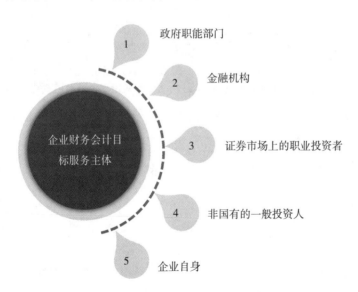

图 3-1　企业财务会计目标服务主体

1.政府职能部门

证监会、税务局以及国资委等政府职能部门均对会计信息存在直接需求。依法行驶国有股东权利的政府部门指的是国资委。目前来说，虽然国家已经颁布了国有股流通转让与国有股减持的办法，但是由于国有股流通上的限制，使得这一政策在具体执行过程中，仍然需要经历一个漫长的过程。国资委在证券市场上属于"管理型投资人"而非"职业投资人"。通常来说，他们会从企业管理者的视角分析财务会计信息的需求，也就是说企业比较重视财务状况以及经营成果，这样做可以有效地对企业管理者的管理能力进行考核，进而对是否继续聘用现行企业管理者做出最终的评定。目前就我国企业发展情况而言，上市公司的"管理型投资人"一般情况下都是公司的大股东，对公司拥有绝对的控股权，这种情况还会持续相当长的时间，故此国资委对企业会计信息的相关内容提出具体要求，即要求信息的准确性、完整性与真实性。

2. 金融机构

这里的金融机构主要指银行，银行是我国企业会计目标服务的重要主体。一般来说，银行重视企业会计信息主要是看贷款本金与利息是否可以安全回收以及有无风险。我国绝大部分银行都是企业的债权人，其注重会计信息多集中在企业经济业绩好坏与财务状况上，所以对会计信息要求多为准确性、真实性与完整性。

3. 证券市场上的职业投资者

职业投资者与管理型投资人所关注的问题有所不同，管理型投资人比职业投资者对企业未来个股升值情况更为关心。由此，职业投资人需要会计信息中更多对投资决策有益的信息，职业投资者是证券市场中信息不对称情况下的弱势群体，他们获得信息的唯一途径就是上市公司向社会发布的财务会计信息，由此也就造成了会计信息需求的差异。当要求会计信息真实、准确时，就要求企业必须披露所有对其决策有帮助的会计信息。其中不仅有已经出现的信息，也有企业生存的将来可能出现、但是已经给企业带来了影响的会计信息，这些信息因为具有不确定性而对于准确性并没有太高的要求。

4.非国有的一般投资人

我国企业投资者除国家及大众股民外，还包括广大个人、外商投资者及其他普通投资者。他们通常是企业内部的"管理型投资人"，直接参与企业的经营和管理，对会计信息的需求并不完全依赖于财务会计报表，他们还需要了解管理会计信息。从经营成果管理与考评角度来看，其对于会计信息的要求重真实性、准确性和完整性。

5.企业自身

经营决策在一个企业的发展中起着非常关键的作用，包括资本、财务和产品的经营，还包括企业在市场中的营销措施和其他比较重大的经营方式等决策，经营决策具有针对性、可行性、选择性、预测性和实时性的特点。在企业的经营决策中，会计信息起到了非常关键的作用。会计信息能否准确、真实、全面、及时地反映出企业整体财务状况、经营成果以及现金等情况，直接关系到企业的经营决策正确性，同时还能影响到企业经济资源的合理配置。因此，企业自身对会计信息的要求是所有主体中最高的。

（三）企业财务会计目标创新与作用

当前形势下，财务会计目标是一个企业的核心组成部分，财务会计目标创新是企业进一步发展进步的必经之路，是提升企业盈利的必要前提，由财务会计目标的内涵可知，当前财务会计只是单纯为企业内外信息使用者提供会计信息，财务会计角色还单纯地停留在记录信息、汇总信息、报告信息的简单阶段。大数据时代，信息来源和信息处理的复杂程度骤然增加，给企业财务会计信息的整体提高了难度，为此，企业财务会计必须转变思维，实现财务会计目标由被动记录信息、提供信息，转变为主动地挖掘信息、专门报告信息，更加贴近信息使用者对于企业深层次信息把握的需求。

企业财务会计目标创新具有十分重要的作用。一方面，目标的制定必须以企业的实际情况为依据，因此，其能够在实际中辅助企业更好的经营与发展。这种情况下，为企业的工作提供了参考，使其能够切合实际地对工作做出合理的调动，还能够在目标允许的情况下对企业的工作进程进行一定的调节。同时，还必须做到企业财务会计目标从始至终都是合理且切实可行的，如此其目标才能对企业工作的工作效率起到提升作用。另一方面，创新财务会计目标对于会计理论发展也具有重要意义，随着大数据时代的到来，企业财务会计目标已经不符合企业的发展需要，因此，进一步理解与认识财务会计目标的意义与性质非常重要，再加以其他必需条件的辅助，这样才能实现财务会计目标的存在价值。

二、企业财务会计目标创新实现策略

大数据时代，财务会计目标也需要紧跟时代发展步伐，适时创新，才能适应时代发展趋势。创新不应该是盲目的，具体而言，就是企业在创新自身财务会计目标时，需要充分考虑社会现状，做到有的放矢，科学地创新自身财务会计目标。企业财务会计目标创新实现策略如图 3-2 所示。

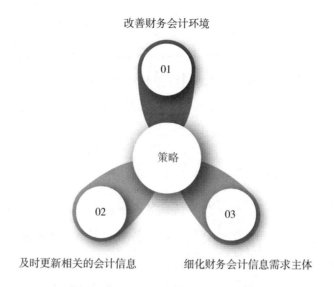

改善财务会计环境

及时更新相关的会计信息　　　细化财务会计信息需求主体

图 3-2　企业财务会计目标创新实现策略

1.改善财务会计环境

环境是影响企业发展最重要的因素之一，是财务会计工作中至关重要的因素，财务会计环境的改善会有助于财务会计目标的创新。创新财务会计目标工作离不开其周围环境的要素，具体而言，从外部环境来看，主要有法律规定和社会规则两个方面的环境，但是这类环境是企业所无法改变的；从内部环境来看，营造合适的内部环境对企业来说是可以实现的。企业要想让目标创新工作得到更好地开展，要想让财务会计目标更贴近于企业需要，就一定要注重完善财务会计环境。在合适的环境中工作不仅有助于财务会计目标的革新，而且也会推动企业的持续稳定发展。

2.及时更新相关的会计信息

大数据时代，各种信息更迭的速度有了很大的提高，所以信息的时效性和及时性是非常重要的，实现企业财务会计目标创新更要及时更新信息。具体而言，如果信息不能够得到及时更新就可能造成企业财务会计数据出现偏差，或者未能及时与我国最新经济政策相靠拢，这些都会间接拖慢公司的发展步伐，使公司遭受一定损失，同时也有可能会影响到公司生存。由此可见，及时地传达、更新财会相关信息非常必要，这与企业的发展前途密切相连。

3.细化财务会计信息需求主体

在我国现有条件下，财务会计信息需求者群体可以根据其与资本市场之间的联系分为上市公司财务会计信息需求者和非上市公司财务会计信息需求者。两大主体中又可根据企业资本规模、产权结构、企业组织形式和公司治理结构以及经营行业的特征，进一步分解出几个层次财务会计信息需求者集团。细化财务会计信息需求主体有利于进一步分析主体的会计信息需求，为财务会计目标创新提供方向指引。

第二节　企业财务会计信息化建设创新

一、会计信息化相关介绍

（一）会计信息化的内涵与特征

1.会计信息化的内涵

会计信息化是会计与信息技术的结合，指将会计信息作为管理信息资源，全面运用以计算机、网络通信为主的信息技术对其进行获取、加工、传输、应用等处理，为企业经营管理、控制决策和经济运行提供充足、实时、全方位的信息。

会计信息化是信息社会的产物，是未来会计的发展方向。会计信息化不仅仅是将计算机、网络、通信等先进的信息技术引入会计学科，与传统的会计工作相融合，在业务核算、财务处理等方面发挥作用，它还包含有更深的内容，如会计基本理论信息化、会计实务信息化、会计教育的信息化、会计管理信息化等。

2.会计信息化的特征

会计信息化具有普遍性、集成性、动态性、渐进性四大特征，如图3-3所示。

图3-3　会计信息化的特征

（1）会计信息化的普遍性：信息化技术在会计中的应用还是比较普遍的，无论是会计工作又或者是理论以及实践，都体现的比较多。

（2）会计信息化的集成性：会计信息化的集成性体现的是将传统会计组织以及业务利用信息技术重新进行整合，从而形成了更易于管理的组织形式。

（3）会计信息化的动态性：会计信息是具有动态性，并且是实时发生相应变化的。利用信息技术对于动态数据的管理，将更加的科学和快捷。

（4）会计信息化的渐进性：现代信息会计技术的发展是一个循序渐进的

过程，并不是立即形成的，它体现了传统的会计操作和现代信息技术的一个结合，从而满足了当下会计工作的需求。

（二）会计信息化的必要性

会计信息化是会计发展的必然趋势。从生产力的发展过程看，人类社会在几千年的历史长河中经历了原始社会、农业社会、工业社会，正在处于信息社会。面对信息社会的到来，各个国家、各个行业、各个不同的从业人员都在思考着如何把握信息社会的技术赋能作用。特别是对于企业会计这一专门提供信息的工作来说，信息化是会计发展的必然趋势。

提供与决策相关信息是会计信息系统的价值所在。数据处理规程、数据处理工具以及会计人员三者共同组成了会计信息系统，使其成为了一个有机整体。通常来说，由于会计可以通过加工与利用会计信息，实现对企业活动的控制，进而使得企业管理需求得以满足，故经济越发展，会计工作就越重要。故此，提供会计信息一方面是会计信息系统的出发点，另一方面又是会计信息系统的终结点。可以说，无论是当代社会先进的会计信息化系统，还是相对传统的会计信息系统，均能够充分体现出这一方面。可以说，上述强调的内容主要取决于会计信息系统的特点，以及它在社会经济生活中所处的地位。其一，会计信息系统的发展主要取决于经济及其发展水平。也就是说，经济发展水平直接影响着会计信息系统的发展。对会计信息系统提出的具体要求完全取决于社会的经济发展水平与经济形态。在原始社会，会计信息系统对社会经济发展水平的适应通过结绳记事得以体现，在封建社会，会计信息系统对资本积累经济发展水平的适应主要通过"资产＝负债＋所有者权益"的平衡公式得以彰显，会计信息系统对于工业经济社会的适应通过成本与损益计算得以体现，会计信息系统对全球经济一体化的适应通过会计信息化展现出来。其二，从某种程度上来说，会计信息系统可以推动社会及其经济的快速发展。具体体现为原始社会剩余物品的分配源于结绳记事的出现，人类社会借贷关系的发展得益于"资产＝负债＋所有者权益"，现代工业的进步深受成本与损益计算的影响，而经济全球化的发展主要源于会计信息化的出现。

使用价值与价值均属于会计信息的属性。前者可以被决策者所使用，并可以在一定程度上减少决策实施中的不确定性，我们称其为会计信息的使用价值。决策者在运用会计信息进行决策时，在一定程度上可以减少不确定性程度，我们将其称为会计信息的价值。通常来说，要想使得会计信息的价值最大化，势必要减少经济决策中的不确定性，而这得以实现的前提便是会计信息的有序。会计信息的价值与使用价值二者之间是相辅相成的关系，既彼此依存、又彼此制约。若会计信息具有使用价值，那么必定具有价值，由此推断，使用价值越大，则价值越大。反之亦然。不仅如此，社会经济与科技的不断发展与进步，也在一定程度上促使会计信息的价值与使用价值的内涵得以不断丰富与完善。

在现代社会经济生活之中，决策在我们身边随时随地发生着，而这些重要决策的制定无不是建立在信息的基础之上。无论是微观层面的还是宏观层面的均是如此。而传统手工的会计信息系统价值极为有限，在该系统之中，会计人员基于会计制度与相关准则，通过报表、账薄、凭证、算盘以及笔等，按照包括权责发生制、历史成本、复式记账法在内的会计思想体系，对经济活动中出现的各类事项与交易进行相关处理，最终促使会计信息得以生成。这种相对古老的手工会计信息系统在相当一段历史时期内发挥着重要作用，这一传统会计信息系统不仅在一定程度上适应了当时社会经济与科技发展水平，同时还推动着社会经济与科学技术的不断发展。随着社会经济与科技的不断进步，企业的经营规模不断扩大，其经营活动种类也在不断增多，而对企业经营、企业管理以及企业效益提出越来越高要求的原因在于会计信息系统所需处理的数据量日益增多，传统手工会计信息系统难以适应如此庞大的数据信息处理量。在如此背景之下，为了适应其发展情况，会计信息化建设成为大势所趋。

一方面，会计信息化有利于提高会计数据处理的效率，将会计人员从手工处理大量的交易和事项中解放出来。另一方面，会计信息化有利于提高会计信息的及时性和有效性，及时性和有效性是会计信息的生命。传统手工会计信息系统为此付出了大量的劳动，一般从经济活动的内容、数量、单价、金额、对应科目、记账方向等项目来核对，通过制单、审核等不同岗位分工来互相促进、互相监督账目的正确性。此外，还通过账证核对、账账核对、账表核对来保证数据的正确性。尽管如此，手工处理会计信息的及时性和有效性仍然不足，因此必须通过会计信息化建设来解决这些难题。

二、大数据时代企业财务会计信息化建设的作用

财务会计时时刻刻都在与数据打交道，要想能够帮助企业进行科学、合理的决策，各种财务报表中的指标都需要会计人员进行分析处理之后才能展现出来。财务会计信息化建设是使会计人员摆脱传统工作模式，突破时空限制，提高工作效率的必然选择。

大数据时代，企业的财务会计信息化建设应用大数据技术可提升会计工作价值、提升财务风控能力、创新会计工作模式，如图 3-4 所示。

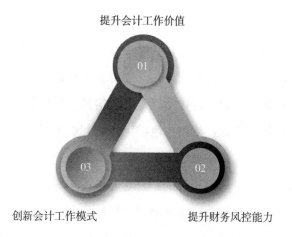

图 3-4　大数据时代企业财务会计信息化建设的作用

（一）提升会计工作价值

财务会计信息化建设对企业来说既是技术水平提高，也是工作价值提升的保证。企业财务会计信息化建设速度不断加快，使大量会计数据精准分析得以实现，与此同时，数据预测能力的逐渐增强也为企业长期战略决策提供了数据依据。

大数据时代，计算机、移动端、网络以及与之相关的应用等技术的普及为财务会计信息化建设提供了必不可少的技术基础。财务会计人员足不出户便可对各部门信息进行收集、传递，统一梳理成各种财务分析报表，科学地预测出各种资金流未来趋势。大数据时代的财务会计信息化建设使会计数据不再只是报表上面枯燥无味的数字，而成为实实在在能对企业发展规划给出专业化建议的信息报告，提升了会计工作的价值。

（二）提升财务风控能力

企业在成长和壮大过程中必然会遇到各种各样的风险。财务工作中涉及很多现金流，对任何企业来说，财务风控都是最重要的环节。由于传统业务模式中审批流程非常繁琐，无论是各类产品出入库之间的配合还是各个部门之间资金往来都需要消耗大量的人力和物力，而且效率低下，给财务风控工作带来了很多难题。大数据时代，财务会计信息化建设最主要的作用之一是通过简化这些工作的流程，使财务风控工作得到最大限度地量化并最终规避风险。

过去相当长一个时期内，无论是宏观经济政策导向、产业环境变化，乃至企业本身的经营活动都有可能带来财务风险，而传统财务会计人员除对风险事件进行事后记录外束手无策。大数据时代，会计人员通过信息化系统，能够借助大数据技术对风险信息进行过滤甄别，提前分析与规划，增强资金流风控的能力，对投资方向进行指导，促进企业经济效益提高，实现健康顺利地发展。

（三）创新财务会计工作模式

传统财务会计工作主要是记账、核算等财务基础工作，大多停留于企业历史经营活动的记录与组织，与其他部门及系统协作能力不强。大数据时代，财务会计逐渐朝着多元化和复合型的方向发展，更突出财务会计数据挖掘的作用。财务会计信息化系统恰恰为财务会计创新工作模式提供了一条途径，使财务会计数据的深度挖掘成为可能，并把全部组织架构整合到一个统一的载体上，海量数据存放于同一云数据库中，通过接口调用的形式在财务系统中相互整合和共通，从而使企业优化机制体制，变得更智能、更现代化、更能增强企业整体核心竞争力。

三、大数据时代企业财务会计信息化建设创新策略

（一）提高信息化建设意识

大数据时代，企业需紧跟时代的发展脚步，对信息化技术进行研究，并且将其运用到企业当中去。财务会计工作在企业发展中占据着重要地位，与信息化相结合是一种必然趋势。伴随着信息技术的不断进步，企业需要在发展过程中根据自身发展现状以及会计工作特点对会计信息化进行建设与改进。在这一过程中，企业所有人员都需意识到会计信息化建设对于企业发展具有的重要意义。为此，企业管理人员首先要积极宣传会计信息化建设意义，确保每一位员工对会计信息化有一个正确的认识，让他们认识到会计信息化工作的重要性是一个企业能够在市场中稳步发展的先决条件，从而能够有效推动企业的稳步发展。与此同时，企业管理人员还必须对员工开展培训，让员工明白会计信息化与传统会计工作之间存在的差异，提高员工对于会计信息化的理解，进而促使员工顺利开展相关工作。

（二）应用云会计

1.云会计

云会计是指云计算环境下的会计工作，其实质是运用云技术建立互联网虚拟会计信息系统来完成企业会计核算与管理方面的工作。这对于会计信息化建设和服务采取外包模式将会进一步促进会计工作更新迭代。

云会计建立在大数据和云计算的基础上，使用云计算技术对会计信息进行数据储存与分析，企业可以实时地对数据进行甄别、传递以及分享，提供相应的会计数据核算，在协助企业会计监督的同时，也为其经营决策的制定

提供相关数据服务。云会计可以简单地理解为将云计算技术加入到会计数据处理中。

2.云会计系统

云会计系统是一个基于云计算的在线会计信息系统，以互联网作为介质，通过专业服务商提供软、硬件以及对其进行维护，用户通过电脑和其他终端设备进行会计核算和财务分析。云会计系统只需网络连接即可随时随地接入企业系统，可以实现实时协作，企业内部会计人员与外部审计师均可对信息进行同步读写并发布更新内容。

云会计系统不同于传统会计软件仅为记账所用。云会计系统作为在线记账软件是在云计算相关技术基础上衍生出来，属于云服务范畴。不同于传统财务软件登陆模式，云会计系统采用浏览器登陆，财务数据均保存于服务器中，

3.云会计系统主体

（1）云会计服务商

云会计服务商在开发云会计软件并保持其高效运行的过程中，为云会计软件提供了相关计算机硬件基础设施，在对软件进行升级服务时，对企业进行技术保障，使云会计服务得以顺利实施，并确保云会计有关信息能够安全储存。

（2）云会计系统使用者

云会计对账务进行分析处理时，相较于传统会计软件而言无需企业对软件进行安装、维护以及升级的相关作业，具备等高性价比的特征，使用者可以通过互联网进行利用，突破时空限制。有关会计信息被用户通过互联网上传到该软件之后，当事人通过手机或电脑等移动设备登录该软件，便可对该企业有关财务数据进行查看和处理，同时加工财务信息并即时储存到云端，

此过程中相关会计信息储存和备份无需对应硬盘及其他装置提供储存空间。同时云端的数据库能够自动解析会计数据并产生财务报表和其他相关报表，为用户提供会计信息服务，使财务工作变得更方便、更有效率，减少用户会计信息化成本。

4.云会计系统的优势

云会计系统具有以下三方面的优势，如图3-5所示。

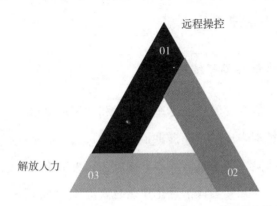

图3-5　云会计系统的优势

（1）远程操控

在云会计环境下，会计信息在"云端"共享，通过手机、平板电脑、电脑等终端，会计人员可以随时随地处理会计业务，大大提高了会计人员的工作效率。企业管理者通过整合财务信息和非财务信息进行实时挖掘和分析，能够全面系统的预测、识别、控制并处理企业经营风险，灵活适应市场变化。

（2）提高信息传递速度

过去各部门间数据交换都要通过专用表格进行，业务人员必须在做好本职工作之后向财务部门报送有关表格，让财务部门获取有关财务信息。会计经过"云计算"，可以将业务部门信息及时地在云端传输到财务部门，提高信息传递的速度。

（3）解放人力

云会计系统使会计人员不再需要人工录入银行对账单中的内容及数额，节约了很多时间。云计算系统还有数据备份功能，用常规会计软件通常都要每天进行数据备份。而云会计系统中全部数据均具有实时性，通常不需要备份，能节省大量机械劳动，同时又给会计人员带来更多的业务需求，这将促进会计人员尽快实现自我提升。

（三）加强企业信息化环境建设

在大数据时代，信息发展更加迅速，而且和大家的生活紧密相连，信息科技在飞速发展的过程中也给企业提供了很多的机会，但是同时也加大了企业的发展所面临的风险，如信息泄露现象的发生很可能给企业造成一定的损失。针对这一情况，在开展会计信息化建设时要优先考虑降低企业信息丢失风险，保证企业能够在市场竞争当中把握先机。为此，企业必须营造一个良好的信息化环境，既促进企业信息化建设工作的顺利开展，也为企业信息安全提供保障。

具体而言，企业信息化环境建设主要是对透明加密、远程接入、VPN、SSL VPN、物理隔离、身份认证、防水墙、防病毒、防木马、邮件安全、防火墙等多个信息安全领域进行规划设置，为企业勾画出信息安全蓝图。

在透明加密方面，企业级文档加密系统是数据加密、操作系统和数据库等多项技术综合应用的交叉成果。企业级的透明加密产品属于被动式加密类产品，其主要思路是在局域网中，只要部署了该产品，在涉密范围内的文档，用户使用时会强制自动加密。其基本过程是当应用向计算机磁盘写文件的时候，对写的结果进行加密。而应用在读取文件的时候，对文件进行解密。以保证涉密文档在离开了企业环境或者用户不具备授权时无法查看。也有的技术服务商将所有涉密文档转换成为专有格式，并存放到服务器上，用户需要察看涉密文件，如同在档案室借阅文档一样。

在远程接入、VPN、SSL VPN 等方面，采用远程接入技术后，企业建设基于广域网的整体解决方案难度大为降低，可以在企业规模快速扩张的同时合理控制技术投资，同时也能较好地解决企业扩张带来的对于技术管理和维护的需求。

在物理隔离方面，网络正在越来越多地融入到社会的各个方面。一方面，网络应用越来越深地渗透到政府、金融、国防等关键领域；另一方面，网络用户类型越来越多样化，出于各种目的的网络入侵和攻击越来越频繁。面对新型网络攻击手段的出现和高安全度网络用户对安全的特殊需求，一种全新安全防护防范理念的网络安全技术——"网络隔离技术"应运而生，对于企业保护自身数据安全具有强大的作用。

在身份认证方面，在计算机和互联网络世界里，身份认证是一个最基本的要素，也是整个信息安全体系的基础。如果没有有效的身份认证管理手段，访问者的身份就很容易被伪造，使得任何安全防范体系都形同虚设。身份认证作为排位靠前的安全管理技术，原因在于它是对一个用户合法身份的管理，是进入网络大门的第一道通行证，其授权系统的外部用户或内部用户对系统资源的访问以及对敏感信息的访问。

在防火墙方面，企业内部的网络安全需要采取严密措施加以防范和控制。随着会计信息化建设的深入，由于电子文档很容易被转移、拷贝、删除、传播，保护核心电子数据已成为企业信息安全的重点，禁止使用网络、禁止使用可移动存储设备、封锁 USB 口等传统技术手段会降低工作效率且有效性不高。而"防火墙"采用多项内网管理功能可有效解决此类情况。

在防木马、防病毒方面，企业作为社会税收的主要来源，其计算机资源相对集中，且对计算机网络的依赖性日益增强，采用传统的防毒方案已不能使企业避免遭受病毒侵袭时的巨大损失，因此"企业级防病毒"问题已受到企业重视。企业级防病毒解决方案针对一个特定的网络环境，涉及不同的软硬件设备。与此同时，病毒的来源也远比单机环境复杂得多。一个企业杀毒软件不仅要能保护文件服务，同时也要对邮件服务器、员工电脑、网关等所有计算机设备进行保护。而且必须能从邮件、ftp 文件、网页、软盘、光盘等所有可能带来病毒的信息源进行监控和病毒拦截。

在邮件安全方面，随着互联网的发展，当企业信息化建设还没有达到一定程度时，企业员工依据自身的习惯通常使用各大服务商的个人收费或免费邮件开展业务。但由于这类邮件是第三方的邮件，没有企业自己的域名，商业的严肃性无法得到保证，对于使用个人免费邮件的，邮件服务质量也不能苛求，也不能保证商业活动中一些重要信息的有效沟通和传递，这将会直接影响企业的业务形态，甚至企业的业务收入。

在防火墙方面，防火墙从本质上说是一种保护装置。它保护的是数据、资源和用户的声誉。当企业决定用防火墙来实施组织的安全策略后，下一步就是要选择一个安全、稳定、性价比高的防火墙。防火墙作为网络安全体系的基础和核心控制设备，贯穿于受控网络通信主干线，它对通过受控干线的任何通信行为进行安全处理，同时也承担着繁重的通信任务。要选择一款适合于企业网络应用的防火墙，必须对其进行严格的审查。

总之，一个稳定、安全的信息环境对于企业财务会计信息化建设至关重要，为此，企业必须全面准备、做好自身防护，促进财务会计信息化建设工作安全、有序地开展。

第三节　企业财务会计报告创新

一、企业财务会计报告相关介绍

（一）企业财务报告的内容

财务会计报告是企业向财务会计报告使用者提供与企业财务状况、经营成果和现金流量等有关会计信息，反映企业管理层受托责任履行情况的书面报告。企业财务会计报告包括会计报表、会计报表附注和财务情况说明书三个组成部分。

1. 会计报表

企业会计报表包括资产负债表、利润表、现金流量表、所有者权益变动表。资产负债表主要反映公司、企业在某一特定日期的财务状况；利润表主要反映公司、企业在一定会计期间的经营业绩即利润或亏损的情况；现金流量表主要反映公司、企业在一定会计期间现金和现金等价物的流入和流出情况；所有者权益变动表反映一定会计期间构成所有者权益各个组成部分当期的增减变动情况。

2. 会计报表附注

会计报表附注包括两项内容：一是对会计报表各要素的补充说明；二是对那些会计报表中无法描述的其他财务信息的补充说明。根据《企业会计准则》的规定，会计报表附注主要包括：财务报表的编制基础；遵循企业会计准则的说明；重要会计政策的说明；重要会计估计的说明；会计政策和会计估计变更以及差错更正的说明；对已在资产负债表、利润表、现金流量表和所有者权益变动表中列示的重要项目的进一步说明；或有事项、资产负债表日后非调整事项、关联方关系及其交易等需要说明的事项；在资产负债表日后、财务报告批准报出日前提议或者宣布发放的股利总额和每股股利金额。下列各项未在与财务报告一起公布的其他信息中披露的，企业应当在附注中披露：企业注册地、组织形式和总部地址；企业的业务性质和主要经营活动；母公司以及集团最终母公司的名称。

3.财务情况说明书

财务情况说明书包括四方面内容：企业生产经营的基本情况；利润实现和分配情况；资金增减和周转情况；对企业财务状况、经营成果和现金流量有重大影响的其他事项。

（二）企业财务报告的作用

企业仅仅有日常核算资料尚不能满足信息使用者了解、分析和评价企业财务状况和经营成果，并据以作出正确的决策的需要。因此，有必要在日常核算资料基础上，将一定会计期间的经济活动和财务收支情况加以汇总，使之成为综合、系统、全面的书面报告文件，以达到满足信息使用者需求的目的。通过财务会计报告传送的信息，可以在以下几个方面发挥作用。

第一，财务会计报告能够向投资者、债权人提供决策所需要的信息。通过编制和报送财务会计报告，可以向企业的投资人提供有关企业的资本结构、盈利能力和利润分配政策的信息，向企业的债权人提供有关企业偿债能力的信息，以利于他们做出对自己有利的决策。

第二，财务会计报告为考核企业经营者受托责任履行情况提供重要信息。

第三，财务会计报告为国家及各级政府的经济管理部门制定宏观经济政策、进行宏观经济调控和管理提供重要的信息。

第四，财务会计报告是财政、税务等部门考核、监督企业生产经营状况和管理水平的依据。财税部门通过财务会计报告不仅可以了解企业主体经营情况的好坏和管理水平的高低，而且还能监督企业是否执行了国家的有关财经法规，是否合理节约地使用资金，税利是否及时、足额上交等。

第五，财务会计报告为企业经营管理人员总结经验教训，提高管理水平，制定正确的经营策略等提供了重要的信息。

二、大数据技术对企业财务会计报告的作用

财务会计报告要求对信息进行有效的集聚，随着外部营商环境越来越复杂，法律制度、市场竞争、通货膨胀、利率波动等因素存在明显的不确定性，外部环境不可控制，但是内部建设却能作为企业不断成长的原动能。大数据时代，海量的数据出现且散落在各营运部门，力图依托大数据技术创新财务报告信息获取渠道，并且将信息进行有效的收集，处理和使用，从而对企业财务会计报告产生正面影响，实现企业战略发展与贯彻实施的良性循环。具体如图 3-6 所示。

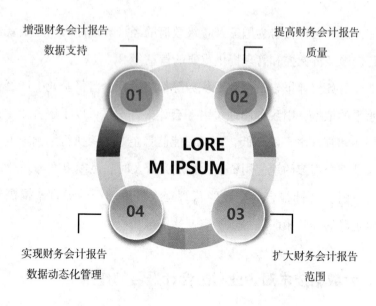

图 3-6　大数据技术对企业财务会计报告的作用

（一）增强财务会计报告数据支持

当前，各个行业都处于信息技术爆发性发展的时代，亟需依托大数据技术来处理数据体量不断扩大之下信息分析和整合难题，为企业的发展提供更合理、更周详、更可靠的财务会计报告数据支持。

以企业全面预算管理为例，传统预算管理受到数据获取量的限制，预算规划一般都是从历史与自有数据维度来编制分析，有限的数据来源渠道不可避免地导致传统预算编制比较局限而片面，因而年度财务预算编制会议也逐步演变为一场内部博弈，该状态很难使预算管理发挥应有的价值，会因为同业对标不足产生预算模糊性。但迎来大数据技术后，其蕴含的数据处理能力已经足够支持企业全面预算管理工作深度细化实施。基于此，逐步做到业财数据全覆盖才能实现内外兼顾、上下结合，做到全员、全过程和全方位的全面预算管理，进而由点到面为企业财务会计报告提供详实、准确的数据支持，助力企业宏观战略更有效地实施，保持企业运营的长期存续。

（二）提高财务会计报告质量

当前，在大数据技术的辅助下，财务会计分析报告可以根据实时数据按照设定的流程自动生成，将传统财务事后管理职能转变为事先参与决策，对财务环节进行实时控制再辅以事后分析评价和研判管理，增强企业财务管理能力。传统财务会计数据分析报告呈现时，多是从可量化数据出发对数据进行比较分析，对非财务信息以及定性数据则是财务分析涉猎较少，因而财务报告定式化现象比较严重，不能真正起到辅助决策的作用。而在目前业财活动频繁的情况下，非结构数据也经常出现，传统的财务统计确实不能准确地进行鉴别，大数据技术自身对于非结构化数据进行高度精确鉴别区分的能力，极大地促进了财务会计报告分析水平的提高，从而带动整体报告质量的提升，成为当前财务会计创新的一大重点。

（三）扩大财务会计报告范围

财务会计报告的范围往往受到成本收益原则的制约，从而使统计分析的结果受到些许的制约。而大数据技术突破时间和空间的限制，能够为财务会计带来颠覆性变革赋能。例如，营销部门对用户的性别、年龄构成以及消费习性进行收集、研究的时候，财务会计能够向前伸出触角，借助大数据和云计算的相关技术，对商品销量进行预测，制定生产计划并进行科学定价的管理活动，充分覆盖包括前端市场及售后服务在内的全链条，这不仅反映了财务及业务部门之间的深度整合，也可以利用这些分析数据充实财务会计报告的内容，扩大财务会计报告范围。这样既有利于企业本身进行内部优化和不断调整，也可以通过管理思维上的换位思考从更为客观的角度来考察客户需求、竞争对手，使财务会计报告内容与市场更为接近，继而阶段性地支持企业管理决策战略方针的完善落地。

（四）实现财务会计报告数据动态化管理

在大数据技术辅助下，企业能够实现对资金流、物流和信息流多个环节全节点数据的动态管理，进而破除静态的事后操作弊端，达到实时管控并最终提高财务预测管理准确度的目的。这些数据都是财务会计报告的重要内容，基于此，企业可以对战略决策进行动态调整，在价值链上开发出高质量、诚实守信的用户作为战略合作伙伴，这充分显现出财务会计报告的本质意义，使其全面化、动态反映企业整体经营链条的动态控制，能够最大程度地支持企业的正常经营。

三、大数据时代企业财务会计报告创新策略

财务会计报告作为现代财务中的一个重要分支，是财务会计信息输出的直接方向，其服务主体涵盖了企业各个层次的管理者，为企业的内部分析和决策提供适时的、符合经济管理需要的动态信息。当前企业对财务会计的重视程度非常高，实现财务会计报告的创新是实现会计服务价值最大化的必要手段。大数据时代，企业财务会计报告创新可以从以下四个方面入手，如图 3-7 所示。

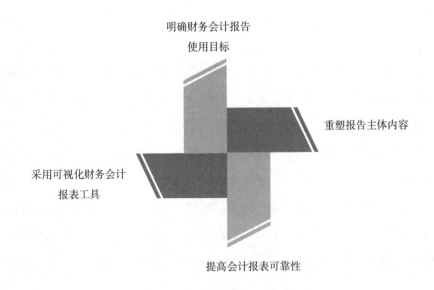

明确财务会计报告
使用目标

重塑报告主体内容

采用可视化财务会计
报表工具

提高会计报表可靠性

图 3-7　大数据时代企业财务会计报告创新策略

（一）明确财务会计报告使用目标

财务会计报告为企业经管决策者们提供辅助信息，因此要想让报告的数据信息更具有针对性和有效性，财务会计报告编制人员就需要提前知晓管理当局管理目标以及决策需求，在企业战略目标指导下，对报告类型、细则内容等进行谋划，围绕企业发展的核心问题生成适配度更高的财务会计报告，以此实现对财务会计报告数据的整合、校对、分析和呈现，最终促进财务会计报告准确、全面、及时、有效地完成决策服务宗旨。与此同时，明确财务会计报告使用目标还需要对财务会计报告编制责任进行界定，在大数据技术支持下对财务会计报告制作流程进行再梳理，以使提交的财务会计报告能全面思路更加清晰，与企业决策需求达成良性互动。

（二）重塑报告主体内容

由于大数据技术扩大了财务会计报告的范围，企业财务会计报告创新可以重塑报告主体内容，除了原本的会计报表内容外，财务会计人员在会计报表分析的过程当中，要加强财务部门与其他部门的工作联系，在会计报表中呈现企业内部管控数据。还可以在资产负债表、利润表、现金流量表的分析基础之上，分析企业会计报表使用者的权益情况。最后，企业的会计报表编制人员需要了解会计数据在各个环节的影响及作用，在对企业整体会计数据进行分析的过程当中及时查漏，再结合企业的实际经营状况，为企业决策者提供更加全面的会计报表分析报告，增强财务会计报告的动态性和前瞻性。

（三）提高会计报表可靠性

会计报表是在日常会计信息数据的基础上按照一定的格式、内容和方法对这些数据定期进行编制，综合反映企业在特定时间内的财务状况、经营效果以及现金流量方面的文件。会计报表作为财务报告的主要数据来源，必须保证其可靠性。要提高企业会计报表的可靠性，要从数据真实、内容完整、计算准确三个角度入手。

1.数据真实

要保证企业会计数据真实，首先要从优化企业内部管理工作入手[①]，一方面，对企业各种经营的费用和收入进行全面准确记录，安排专人管理，并将责任分配给具体的个人，任何人不得擅自使用单位资金。另一方面，企业要健全监督机制，通过建立会计审计体系，对会计工作体系进行有效监督和管理。其次，企业要借助区块链对数据的加密保护功能和云空间的备份功

---

① 张新成.大数据时代财务报告质量提升路径探析：基于会计流程再造[J].财会通讯，2017（4）：108-110.

能，实现数据的不可篡改和真实数据的留存备份，实现管理和技术双管齐下，保证企业会计数据的真实性。

2. 内容完整

会计报表分析是一项综合性的数据分析工作，从各个方面体现企业的经营状况。一旦某方面的数据缺失就会降低企业评价的可靠性。因此，企业在进行会计报表数据收集时必须明确数据收集范围，对所需要的数据提前沟通好获得时间，避免因某一部门数据的报送不及时影响整体报表的可靠性。

3. 计算准确

会计工作一向是非常谨慎的，日常的会计工作涉及大量的财务数据，在计算的过程中必须保证计算准确，不能任意使用估算或者推算。如果错了一个数字导致的后果也是很严重的。保证数据的计算无误才能够准确地对企业的各项财务指标和经营活动指标进行分析和评价，从而服务于管理者和其他报表使用者做出准确的决策。过去企业的各类数据都要靠财务人员人工一一核对，效率非常低。大数据时代，各类相关技术的应用为企业财务数据的处理提供了便捷的工具。

企业可以尝试使用 RPA 机器人，自动化整理数据，实现 0 出错率，高效率完成工作。RPA 指机器人流程自动化，是指用软件自动化方式模拟人工完成计算机终端的操作任务，让软件机器人自动处理大量重复的、基于规则的工作流程任务，其优势和价值主要体现在无编码、学习成本低、开发周期短；非侵入式，对现有网络技术架构基本无影响。应用 RPA 机器人有利于提升会计工作质量，减少重复人工操作，实现 7×24 小时不间断工作。最重要的是，机器人计算数据安全性高，减少人为失误产生的纠错成本。

（四）采用可视化财务会计报表工具

企业财务会计报告创新还可以从报表生成工具入手，财务会计人员要想使财务会计报告呈现效果更好，可用可视化财务会计报表工具。

可视化的财务报表工具具有十分明显的优势。一方面，可视化的财务报表工具运算更可靠，利用智能运算可以最大化降低人为运算出错的概率。对财务会计分析来说，任何运算错误带来的后果都是难以想象的，因此财务会计分析对数据准确度要求更苛刻。运算是否可靠是考验一个大数据可视化分析工具的一大重要指标。在数据分析云平台上，只需要设定运算法则，财务会计人员即可瞬间完成智能运算，整个过程中，不需要和数字接触，最大化减少人为出错的可能。另一方面，可视化的财务报表工具更灵活，可以根据企业自身的财务分析需求变化、分析思维，快速制作财务分析可视化报表，即便是在浏览状态下，浏览者也能根据当前的分析需求变化、自身的分析思维等，灵活完成数据可视化分析，生成更能满足分析需求变化的可视化分析报表。同时，当管理层在浏览财务分析报表时，如发现某组数据异常，可快速通过单击联动、双击钻取功能，同时调动相关数据，更多面地深入分析挖掘数据。

第四章　大数据时代企业管理会计创新策略

管理会计创新是大数据时代企业会计创新的第二个方向。管理会计处于企业价值管理的核心地位，根据企业的财务管理活动数据对企业的发展提供相关信息和建议，帮助企业的管理者做出更加准确的判断。大数据技术一方面增加了管理会计在决策上的会计信息基础，为管理会计在预测分析上提供更精确的模型，有利于提高管理工作的价值。另一方面，大数据也对管理会计提出了挑战，大数据背景下对管理会计的挑战，需要管理会计积极进行创新以适应时代发展要求。本章研究就是立足于管理会计工作，从企业业财融合创新、企业预算管理创新、企业成本管理创新、企业风险管理创新四个方面入手，研究大数据时代企业管理会计创新策略。实现业财融合创新是为了实现业务和财务的深度融合，让财务更好地服务于业务决策。实现预算管理创新是为了更好地履行企业管理会计的规划职能，实现预算方案编制的精细化，并加强企业预算方案的执行效果。实现成本管理创新是为了更好地履行企业管理会计的控制职能，降低企业各项成本，扩大企业利润空间。还有实现风险管理创新是为了提高企业识别风险、应对风险的能力，帮助企业将风险损失降到最低。总之，企业财务管理创新也是对大数据时代企业财务会计工作的一次重塑。

第一节　企业业财融合创新

一、企业业财融合相关介绍

（一）业财融合的内涵

业财融合，是业务与财务融合的简称，是指将业务发展与财务管理结合起来，融为一体，从企业的整体上考虑业务开展是否适应企业发展目标方向，体现了系统论的思想。就业务部门而言，业财融合就是整个业务开展的过程需要依靠经营思维与风险意识，必须明确经营发展应该给企业带来价值与利润、控制与回避风险、降低亏损，最终产生价值。就财务部门而言，业财融合就是应深入业务活动，尤其应把财务管理向前延伸至业务前端，并通过预测与分析数据，向业务部门和决策层反馈信息，从而使得企业业务管理决策更具有科学性；同时，财务部门要通过对业务流程中关键控制点及潜在风险点的控制，实施针对性改进措施以减少运营风险。

（二）业财融合的基本内容

传统业财融合中，更关注需要纳入核算的业务信息以信息化手段同步到财务核算系统中，初步实现业财融合。伴随着大数据时代来临，业财融合逐渐步入深化阶段，具体内容发生显著转变。现阶段业财融合应该包括四点基本内容：一是财务管理业务和财务核算业务的融合；二是业务管理数据和财务核算业务的融合；三是财务管理数据和业务管理数据的融合；四是企业外部数据和企业内部数据的融合，如图 4-1 所示。

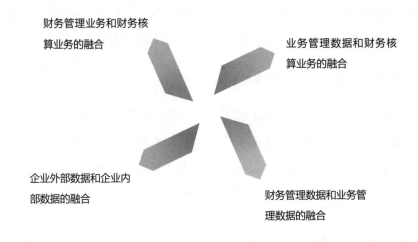

图 4-1　企业业财融合的基本内容

1.财务管理业务和财务核算业务的融合

财务管理业务不只包括会计核算，而且包括资金管理、税务管理、资产管理和预算管理等。业财融合也不只是将其他业务部门与财务核算之间的结合，财务管理业务与财务核算业务之间的结合才是业财融合的出发点与依据。

2.业务管理数据和财务核算业务的融合

多数业财融合系统所关注的重点是业务管理数据和财务核算业务的融合。由于业务信息系统与财务信息系统在构建时间、深度等方面的不同，多数企业都或多或少地出现了业财信息孤岛现象，不利于企业效率与收益的提升，而这正是促进业财融合发展的重要意义。

3.财务管理数据和业务管理数据的融合

财务并不只是对经济业务进行事后的记录与反映，事前的预测与事中的控制也是这一阶段管控的重点。因此要求财务管理部门时刻抽取业务管理数据，依据业务数据进行预测，及时发现运行中的差异并向业务部门反馈财务数据，服务于业务部门的决策，从而为企业进行数字化决策提供依据。

4.企业外部数据和企业内部数据的融合

大数据时代，社会中充满了海量数据，怎样将其转化为对企业决策有帮助的信息，这是企业应该关注的重点。将企业外部数据与内部数据有机结合起来是提高工作质量与效率的有效途径，也是企业精准确定自身所处的地位并对行业发展前景做出预测的一个重要手段。

（三）业财融合的核心与维度

业财融合的核心就是由财务为业务创造价值。例如，在企业中，当销售业务员在做新一季产品的销售计划和旧产季产品的定价方案时，做定价模型和计划需要管理会计人员提供详细的数据，以便计算出如果加快旧产季产品的销售节奏，能降低多少成本，对公司业绩有怎样贡献等结果。由此可知：财务的核心是数据，在业务有需要的时候，参与到业务决策，为业务提供有效的数据支撑，这是财务能提供给业务的价值；同时，财务用数据对业务结果进行量化，为业务提供有效的反馈，这也是财务的价值。

基于财务为业务创造价值这一核心，企业业财融合有三个维度，如图 4-2 所示。

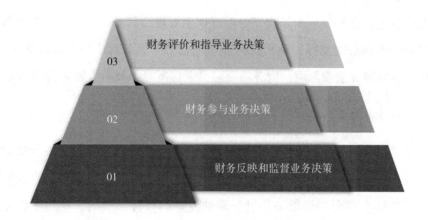

图 4-2　企业业财融合的三个维度

1.财务反映和监督业务决策

业财融合的第一个维度，是用财务报告反映业务决策的内容，起到反映和监督的作用。所有企业的财务都会面临着与业务的配合，业务决策最终反映出来的结果会以财务报表的形式对外汇报。具体包括三张财务报表，即资产负债表、利润表和现金流量表。第一，从资产负债表来说，财务要立足战略层面，从资本运作、治理架构和投融资角度充分理解业务的发展、理解公司的战略，然后从比较具体的操作上协助业务。第二，从利润表来说，财务对业务的反映分为事前、事中和事后。事前管理主要为预算的控制。业务如果要得到财务充分的支撑，最好的方式就是制定预算，并根据变化进行滚动调整。在公司整体业绩目标的前提下，包括利润和收入都可以切割到最小的业务单元，进行预算拆解和预算控制，从而可以做好事前的管理。事中的管理是在符合预算的前提下，对具体的合同进行财务审核和把关。在风险可控的前提下，将事中控制做到反应最迅猛，并最快地表达业务的诉求。事后管理主要体现在财务团队的内部审计职能和稽查职能。对公司的业务活动做事后的监管。第三，从现金流量表来说，财务对业务的反映体现在每日的资金收支环节上，财务要平衡好收支、做好现金管理，其及时的反应和快速调配是对业务非常好的支撑，从而提升业务的信心。另外对于资金风险的把控，包括回款风险和逾期风险，财务需要经常去提醒业务及时收账和清理坏账。

2. 财务参与业务决策

业财融合的第二个维度，是用财务思维借助数字模型参与到业务决策环节。一项业务的变化反映到会计的结果最终可以简单定义为利润数据的变化，但是这个简单的结果是经过一系列复杂的计算形成的，业财融合是要寻找到业务变化后，与之相关的一系列过程在财务数字上分别会有怎样的影响。

3. 财务评价和指导业务决策

业财融合的第三个维度，是用数字呈现出对决策结果的评价，影响和改善下一次行动。财务要为业务决策提供价值，要帮助业务去寻找问题产生的原因，而不是仅仅提供结果。因此，首先要确保数据的可用性和准确性，剔除异常数据、冗余数据、调整数据。比如公司间交易，在做销售分析时通常是要单独考虑的，再比如内部机构费用的分摊和特殊调整，也常常要进行还原。最后要从结果出发，挖掘数据形成的源头业务。如常规的销售分析会有分渠道、分产品和分客户毛利，还会计算扣除销售费用后利润贡献。基于现有的结果对业务的决策作出详细的评价，为下一次的业务行动提供有效的反馈和指导。

二、大数据时代企业业财融合创新发展趋势

（一）数据融合化

在大数据时代，业财融合实现了财务数据、业务数据、外部数据等多维数据的全面融合。过去，企业更关注的是收入、成本、利润、资产、负债这些财务数据形成的财务报表，但是财务报表只披露数量信息，而不是过程信息，企业所提供的产品和服务能否满足市场需要，资产是否能够变现，以及不能变现的原因是什么都无从得知。可以说，仅靠财务数据已经不能实时反映企业运营的状况，快速形成战略决策。在整个业财融合的过程中，财务数据需要和客户、渠道、供应商、产品相关的这些业务数据，以及反映行业趋势、商业模式、用户行为等这些外部数据融合在一起。比如，集团在做预算的时候，不仅仅要看销量、价格这些指标，还需要把这些指标按照客户、产品、区域等各种维度进行分解计算。因此，在产品选择上，需要产品能够对多维度、多层级的数据进行处理分析，输出对企业经营决策有益的观点。

（二）信息实时化

大数据时代也是信息爆炸的时代，各类数据信息实时都在动态变化，给企业业务发展带来了很大的不确定性。在这种不确定的情况下，业财融合要保证企业发展愿景能够正确地实现，提升企业敏捷的能力，就要做到管理会计信息的实时更新，帮助企业快速地基于企业内部的变化和外部市场变化调整业务发展策略。反映在企业的预算和数据分析上，速度也要求越来越快。过去，企业做预算只做一次全年的预算，慢慢地细化到季度的预算，现在越来越多的企业做到月度预算和计划，这正是信息实时化的体现。

（三）业务场景化

业务场景化的根本目的就是为了解决实际工作中遇到的问题，从而提高工作效率。在业财融合方面，场景化、运营化促使企业除了关注企业战略与预算等宏观层面以外，还要聚焦企业微观运营方面，运用管理会计数据帮助企业进行产品定价、业务拓展等决策。以地产行业为例，地产企业会关注销售价格、开发进度、回款融资等对市场影响比较大的一些指标。企业需要在指标开始浮动的时候，对于整个企业的业绩、规模资金、利润、收入、成本的影响做一个测算，估计未来贷款利率对企业的影响。除此之外，通过分析关键 KPI 指标、产品结构，业务结构，可以判断哪个产品对企业的利润率、收入规模影响最大。如果没有达成目标，有没有一些其他的补助措施，等等。地产企业通常需要对标准项目的投资情况做一个测算。比如开发一个楼盘就是一个项目，需要对楼盘的类型进行规划。这时候，企业就需要把历史系统的项目的重点提取总结，如城市、区域、建设面积的大小、开发业态、定位客户群、开发分期等，从而测算出资金流的情况，最后的投入产出比的情况，形成对业务决策的支持。

（四）分析数字化

大数据时代，数据源越来越多，数据量越来越大，企业开始重视运用系统工具，自动地帮助其进行各类大数据的处理，并结合人工智能的算法，帮助企业做财务的预测，销售的预测。在此需求下，各类业财一体平台应运而生，成为企业业财融合数字化转型的关键助力。这些业财一体平台需要能够整合异构数据源，通过高性能的引擎和分布式架构处理复杂的多维分析，保证秒级响应的计算体验，应用层需要基于平台化设计，适用多个应用场景，最终实现多种形式的结果展现途径。

三、大数据时代下企业业财融合创新策略

企业在大数据时代推进业财融合创新，挖掘大数据在会计领域的优势，结合自身发展需求，从环境层面、工作层面、技术层面引导企业进行改善，提升企业管理水平。如图 4-3 所示。改善业财融合环境、提高业财融合的协同程度、建立完善的业财融合信息化系统。

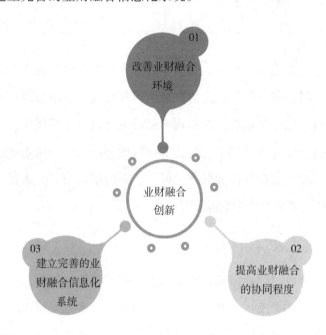

图 4-3　大数据时代下企业业财融合创新策略

（一）改善业财融合环境

1.转变管理理念

大数据时代，企业一定要改变自身的管理观念，正确认识企业内外环境的改变，从而更好地促进业财融合，助力企业创造价值。从实践角度来说，

首先，企业可合理利用微信公众号、企业网站、日常会议、OA 软件等途径来宣传业财融合的意义。其次，管理层行为对于员工有显著影响，管理者对业财融合的关注能够转变员工对业财融合的态度，所以企业管理层要高度重视业财融合工作的推进。最后，企业要对业财融合过程中各个部门的工作开展情况进行梳理，对活动开展阶段存在的问题进行整理，对细节进行锁定，制定出更加切合企业实际情况的工作方案。

2.建立工作小组

企业需专门组成工作小组，落实业财融合工作方案。具体而言，工作小组应在业务部门和财务部门的大力支持下组建而成，可由总经理和部门主管构成主要人员，保证工作有专人管理，从而更有效率地开展工作。此外，工作小组要根据企业战略目标设定具体的业财融合任务，并从企业经营活动实际需要出发，将业财融合任务分解为可以实施的细化项目，确保任务落实到专职人员手中，增强任务实施成效。

3.开放融合权限

企业应结合业财融合需求，开放相关工作人员进行跨部门获取信息数据的权限，为业财融合工作的开展提供便利条件。这些权限可以融入工作人员职责、业财融合基本流程、工作规范制度等方面。在业财融合工作督导运行期间，应及时发现工作开展存在的权限障碍，细化权限开放的领域，及时进行权限调整，最大限度地为业财融合创造一个畅通的工作环境。

（二）提高业财融合的协同程度

1.实现工作目标协同

在企业业财融合实施过程中，如果业务目标与财务目标相互背离，则会对业财融合造成极大障碍，所以业务与财务目标的协调对企业实现业财深度融合具有重要意义。为此，企业就必须统筹好业务目标与财务目标，强化两者间的关系。具体而言，当企业对其是否有必要开展业财融合或者如何开展业财融合做出判断时，要根据其实际状况来确定，这样才能确保业财融合的正常开展。当业财融合走上正轨后，企业要将业务目标与财务目标进行制度化整合，切实将工作目标纳入员工岗位职责。在做到这一点之后，才能进行业财融合工作的相关尝试。而当业财融合在企业内部真正发挥效果时，其经营环境也将被最大限度地改善。应当指出，业务目标与财务目标的协调不是单纯地要求某一部门迁就另一部门，而是要以企业根本利益为出发点，研判这两种目标应该怎样调整，调整多大范围才能向企业目标靠拢，最后选出最有利于企业发展的方案并加以贯彻执行。

2. 实现工作交流的协同

由于业务部门和财务部门所承担的任务内容存在差异，如果不能根据部门自身特点对业财融合的工作交流模式进行调整，确保沟通顺畅，就很难保障两者的良性配合。所以，企业要对业务和财务部门工作状况和管理目标进行分析，明确业务和财务融合过程中风控和管理的重点。基于企业发展战略，以财务和业务融合的需要为中心，促进业务和财务部门之间对于自身工作情况的共享，以保证双方能够根据业财融合的目标迅速展开工作。具体来讲，企业应推动业务部门和财务部门之间的沟通与合作。开展业财融合工作时，业务与财务部门沟通交流效果是业财融合工作取得应有成效的关键所在。对企业管理者而言，要想在业财融合开展时让业务部门和财务部门步调一致，就要给双方的沟通和互动创造条件。比如，设定两部门地点时，尽可能离得近一些；在财务部门设置管理会计、成本会计等职位，专门负责与业务部门的交流工作，相应地在业务部门也设立专人，负责与财务部门进行工作联系；还可以通过团建等形式改善双方部门的人员关系等。总之，企业要通过各种途径改善两个部门的关系，提高业财融合工作交流的效率，促进业务部门和财务部门协同发展，最终实现企业的更好发展。

（三）建立完善的业财融合信息化系统

技术是第一生产力，一个完善的业财融合信息化系统对于促进企业业财融合创新具有十分重要的作用。企业应完善业财融合信息系统功能，建立专门的业财融合服务数据库，使业财融合工作的开展事半功倍。

1.完善业财融合信息系统功能

企业推动业财融合发展离不开业财融合信息化系统的支持。首先，一个完善的业财融合信息化系统应根据企业发展需要不断更新相应功能模块。如将反馈模块加入到系统当中，为相关工作人员就业财融合工作实践中遇到的问题提出相应建议提供一个通道，方便管理层把握员工对业财融合工作的进展和困难。其次，企业在业财融合信息系统功能完善的过程中需要结合业财融合对信息的要求不断更新技术工具，例如借助数据平台和数据信息分析技术等才能更好地进行工作。企业在完善业财融合信息系统功能过程中，需结合业财融合在信息方面的需求，更新技术工具，如借助数据平台与数据信息分析技术，更好地开展工作。最后，企业应明确自身对业财融合的需求，结合自身内部运行情况，在不同时期围绕业财融合目标实时动态调整业财融合信息系统功能，以动态的眼光不断更新系统，搭建出一个随时满足业财融合需求的工作系统，合理应用各类软件。如企业可在业财融合的初期阶段就建立 ERP 系统，把财务、业务等系统包含在内，把握好采购管理、生产管理、存货管理、客户管理、营销管理、报表管理等方面的工作情况，增强企业内部信息交互程度，给员工提供便利的工作条件。

2.建立专门的业财融合服务数据库

大数据时代背景决定了业财融合离不开海量数据的支持。而企业作为一个独立经营与发展的个体，不管是在财务工作进行过程中还是在业务工作开展过程中都会产生海量的数据。这些在企业运营过程中所形成的数据可以为后续运营与决策提供重要参考。但需要注意的是，这类数据由于未进入数据库实现整合而被管理层所忽略，常常难以挖掘到其中所包含的价值。企业业财融合工作的复杂性使其更需要数据支撑。在这种形势下，企业必须要尽快构建专门的业财融合服务数据库，将其日常运营中所产生的大量数据录入其中，并进行数据整理。企业一旦建立起专门的业财融合服务数据库，随着其规模的不断扩大和良好的管理成效，将会发挥出难以想象的强大作用，为企业业财融合提供更有价值的数据支撑。

应当看到，企业经营过程中所形成的数据浩繁。如果缺乏整理，管理者就不能从这些杂乱的数据中发现有利于企业经营活动的信息。鉴于此，建立专门的业财融合服务数据库不能只是简单地将数据添加进入，还必须由专人归纳整理后，纳入业财融合信息化系统当中，成为系统的一部分，这样便于业财融合工作人员进行随时查阅使用，给企业经营决策带来方便。

第二节　企业预算管理创新

一、企业预算管理相关介绍

（一）企业预算管理的内涵

企业预算管理作为企业组织在进行管理时的一种重要管理方式，是企业资源配置工具与表现方式，同时又是资源配置的过程与运作方式，企业推行预算管理是企业实现规范化管理的路径之一。

预算管理包括资本预算、经营预算、财务预算等，资本预算是企业进行对外投资的预算；经营预算是与采购、生产和销售业务有关的预算，由销售预算、生产预算和成本预算三部分组成；财务预算是关于利润、现金和财务状况的预算，包括利润表预算、现金预算和资产负债表预算等。

（二）企业预算管理的作用

预算管理作为现代企业管理的一项重要内容，在企业发展过程中起着重要作用，如图 4-4 所示。

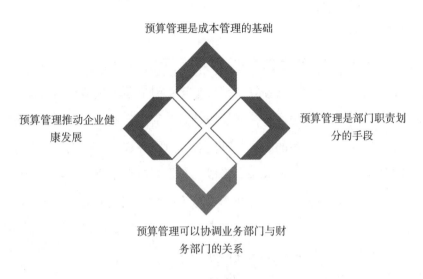

预算管理是成本管理的基础

预算管理推动企业健
康发展

预算管理是部门职责划
分的手段

预算管理可以协调业务部门与财
务部门的关系

图 4-4　企业预算管理的作用

1.预算管理是成本管理的基础

一方面，企业成本的管控要靠设立控制环境来完成，这在很大程度上取决于由预算管理具体量化的企业战略计划能否得到执行。企业通过预算管理对战略计划进行细分，并在生产经营各环节、各部门中进行具体落实，建立健全内部控制体系，营造良好的控制环境。另一方面，预算管理具有"全员"的特点，员工作为企业战略计划实施者和执行人，使其主动参与到预算中去，有助于更好地完成预算控制计划。这就需要企业对全体员工进行预算管理意识的培养，促使员工主动参与到企业预算中去。

2.预算管理是部门职责划分的手段

现代企业进行成本控制必须处理好成本管理上企业和各个部门间的相互关系，并由企业统一制定预算方案，确定各部门的成本管理内容，使企业整体成本控制与各部门的成本控制结合起来，由点及面地落实企业各部门的预算管理工作，带动企业整体预算管理计划的执行。

3. 预算管理可以协调业务部门与财务部门的关系

经营预算与财务预算是预算管理的主要内容，其中经营预算也就是业务预算，包括采购预算、生产预算、销售预算；财务预算包括利润表预算、现金预算。通过预算管理的执行，能够协调财务部门与业务部门成本管理之间的关系，确定各业务部门的成本管理内容，以财务部门为中心，把财务部门同业务部门的成本控制结合起来，形成一个贯穿整个企业上下并连接各方的成本控制系统。财务部门以承担成本管理为主线，把成本指标按照各项目分解成具体的指标，并分配给企业的各个业务管理部门，由每个业务部门根据其职责范围对各种成本控制指标进行分工协作。

4. 预算管理推动企业健康发展

预算管理对企业健康发展的推动作用体现在两个方面：一是提高企业运营效率；二是促进企业科学管控。

在提高企业运营效率方面，企业管理会计人员可进行双元化预算工作，一元就是基于当前阶段企业发展情况，特别是每个部门发展的实际情况，对每个部门进行预算设置，然后跟进各部门预算方案的落实情况，另外一元就是要加大企业部门压缩力度，重点在优化企业组织结构上下功夫，撤并部分冗杂部门，留下有精准战斗力的部门，将企业内部发展中预算管理价值最大化，使资金使用到有实效的工作中去，促进企业各部门效益的提升。管理会计人员通过从编制预算和对现行部门双元化预算方式进行优化，将尽可能减少企业预算，把资金用在刀刃上，从而提升企业运营效率。

在促进企业科学管控方面，企业管理会计人员利用大数据技术可以实现对外部数据的整理与分析，掌握整体经济发展形势、产业发展状况，以及企业在产业中的发展地位，并以此为基础对预算进行合理调控，增强应对外界变化的本领，推动企业健康地发展。同时，管理会计人员制定企业预算时，需细化成本预算，并配合相应的企业战略目标，对战略执行过程中的各种费用进行合理管控，最大限度地提高资金应用效益，最终促进企业发展。

二、大数据时代企业预算管理创新策略

（一）创新预算管理体系

企业管理会计人员需切实认识到预算管理对于企业所具有的现实意义，利用大数据预算管理系统，从数据中了解企业历年各方面成本支出情况，编制下一月度、下一季度预算计划，建立与之相适应的弹性预警机制，以便及时处理企业预算管理中出现的突发事件，增强企业预算管理实施的灵活性。另外，企业管理会计人员可借由预算管理体系对每个员工拟定权、责、利具体内容，合理设定相应部门的预算管理目标。

（二）创新预算管理方式

在预算管理方式创新方面，企业管理会计人员可以从以下两个方面入手：一是创新滚动预算编制机制，结合月度、季度、年度等阶段性预算控制目标，利用大数据模型将预算控制和实际活动进行对比分析，及时发现各阶段预算存在的问题并对阶段性预算目标进行理性监管，提高预算编制效率，规避预算控制过程中往复修改的情况，增强预算控制效果。二是创新预算控制执行方式，企业管理会计要利用大数据技术对企业重点发展项目进行全面预算，并通过落实预算来达到合理的预算控制，同时加强预算方案与实际情况的差异，并有针对性地制定相应的战略，在生产运营各环节中合理管控成本，从而实现企业资源的优化配置。

（三）创新业财融合预算管理系统

创新业财融合预算管理系统不仅方便各业务部门数据的收集，促进各业务部门和财务部门间的有效交流，还能使企业预算管理效能得到提升，管理会计人员具体可从以下三个方面入手。

1.规范业财数据

管理会计人员在创新业财融合预算管理系统时，为方便各业务部门和财务部门数据收集，需要对业财数据格式进行规范，如业务部门的项目筹划和实施数据、物料采购数据等，还有财务部门的资金运行状况数据、收支数据等，规范化的数据有利于管理会计人员在制定预算管理方案时进行数据的查询、抽取与分析，最终实现企业预算成本管理能力的有效提升。

2.提高业财数据处理能力

在业财数据实现规范化的同时，创新业财融合预算管理系统还需提升对业财数据的处理能力，包括业财数据搜索能力和分析能力。一方面，管理会计人员既可以引进现有数据挖掘技术，也可以自行开发新型数据挖掘技术，如图挖掘技术、特异群组挖掘技术、数据网络挖掘技术等，实现对业财数据的有效搜索。另一方面，管理会计人员可根据实际需求灵活采取对应的统计分析技术，如快速聚类法、主成分分析法、因子分析法等。

3.保障业财数据安全

创新业财融合预算管理系统还需对业财数据安全提供保障，具体而言，一要严格执行内网、外网隔离制度，网络实施准入硬控制，防止外部计算机非法接入内网；二要对接入办公网络的终端，部署定期查杀和升级，禁止在服务器安装并使用远程运维软件；三要关闭不必要的业务端口、设备及非必要互联网出入口，强化敏感数据安全管控；四要加强对系统用户的登录控制、资源访问控制，通过授权机制确保系统管理员和业务人员在各自的权限范畴内完成自己的职责；技术与管理双管齐下，加强预算绩效管理信息系统网络安全。

第三节　企业成本管理创新

一、大数据时代企业组织成本管理创新

（一）企业组织成本的内涵

企业组织成本是指企业为保持组织存在且能够正常运转所必须付出的成本，包含显性成本和隐性成本两个部分。显性组织成本是一种直接成本，是企业能够直接计量的成本，如管理费用等，具有较强的表征性；隐性组织成本是一种间接成本，相对更为复杂，包含机会成本、协调成本和试错成本等。机会成本指企业管理者在确定一种组织形式后，也就失去了另外其他组织形式的选择机会，那些未被选择的组织形式可能存在效益更好、效率更高、组织成本更低的情况，这就是隐性的组织机会成本。协调成本是指企业各个部门工作在相互协调过程中需要消耗的企业资源，如工作沟通所付出的时间成本等，是隐性组织成本的重要组成部分。试错成本是指企业决策失误所造成的损失，如企业组织中岗位设置不合理所造成的成本浪费等。

（二）企业组织成本的影响因素

1.外部环境因素

适应外部环境是企业组织设计的目标之一。外部环境存在于企业外部，是企业生存与发展所要面临的自然环境与社会环境，包括地理位置、自然资源环境、政治环境、市场环境、法律环境、文化环境、技术环境等。企业组织本身是一个开放的系统，需要同外界环境不断进行交流和合作，对于外部环境的适应能力是企业持续发展的重要保障。因此，外部环境对企业的组织设计具有强大的影响作用，进而影响着企业的组织成本。

大数据时代，大数据技术改变了企业所处的市场环境，数据将产业链上下游串联起来，市场竞争日趋激烈，对企业组织模式产生了一定的影响。传统企业组织模式通过分工不同形成从高层管理者到基层员工多种层级，沟通成本较高，不利于对大数据时代市场环境变化的快速响应。大数据时代，数据成为企业各部门之间共享的资源，数据的实时传递带动了各部门之间的沟通交流，数据的整合降低了沟通的成本，企业可以进行部门重组，形成网状的组织形式，鼓励各个部门共同参与企业决策。

2.内部组织结构因素

企业内部组织结构包含多种类型，如直线制、职能制、直线—职能制、事业部制等，不同的组织形式直接影响着企业的组织成本。大数据时代，企业组织结构逐渐趋于扁平化和网络化，在一定程度上有利于节约企业组织成本。

扁平化组织结构是以信息系统为手段，实现企业高层和基层的直接信息沟通，简化信息传递的流程，能够提高信息处理和采集的及时性和准确性的一种组织形式。一方面，扁平化组织结构能够降低企业的信息成本，有利于减少纵向信息链，提高企业管理者决策速度，帮助管理者尽快获取有价值的信息并迅速作出决策，减少企业损失，获得更高的价值。另一方面，扁平化组织结构能够降低企业部门之间的沟通成本，实现企业的物流、资金流、信息流的有效整合，减少各个部门之间信息处理、传递和沟通的成本。

网络化组织结构是一种新型的组织结构，是以信息技术为手段，基于契约关系实现信息评级、纵级传递的一种组织形式。一方面，网络化组织结构能够以横向和纵向的连接形式降低信息传递成本。横向连接指实现市场中不同行业的企业的商务信息互动。纵向连接指实现供应链上下游企业的信息沟通。双管齐下打破企业信息的不对称性，从而降低了企业内外部之间的信息传递成本。另一方面，网络化组织结构能够降低企业决策的试错成本，实现企业充分授权式管理，各部门之间的协同性得到提高，工作积极性得到发挥，提高了企业管理会计在收集企业经营活动相关数据时的效率和质量，有利于降低企业决策的试错成本。

（三）大数据时代企业组织成本管理创新策略

大数据时代，企业组织成本管理创新策略包括以下四个方面，如图 4-5 所示。

提高员工与岗位的匹配度

优化组织结构设计

控制组织实践成本

提高组织工作积极性

图 4-5 大数据时代企业组织成本管理创新策略

1.优化组织结构设计

优化组织结构设计可以从建立向上反馈、向下传达、中间交流的组织机制这三个方面入手，充分利用大数据来实现部门间的横向沟通以及管理层级间的纵向沟通，尽可能减少工作数据交流的滞留可能性，达到各部门交流过程隐性成本可控。

（1）建立向上反馈机制的意义在于将各部门生产状况与经营状况集中反映出来，便于整体化解决，使企业整体组织结构达到最优化，尽可能减少因组织沟通机制不尽合理而带来的种种隐性成本。

（2）建立向下传达机制是为了能够使管理会计信息能够尽快传达至下一级部门，为方案和计划的实行提供便利。

（3）建立中间交流机制是为了起到承上启下的作用，避免造成上下级之间的纠纷。在建立中间交流机制时，管理会计人员可专门开辟问题沟通窗口，由下级部门对上级部门提出相关观点，呈现工作中出现的阻碍并提出解决策略。然后，管理会计人员可利用大数据技术对问题建议信息进行归纳整理并向管理层反映。

2. 提高员工与岗位的匹配度

管理会计人员可以充分利用大数据技术分析员工特点，为企业进行岗位优化提供依据，降低企业组织成本。管理会计人员可以利用大数据技术建立数据模型分析企业当前岗位职责，对组织结构中各个部门岗位的运行成本进行评估，然后根据结果对成本较高的部门和岗位进行针对性优化。在具体进行优化时，管理会计人员可以利用大数据技术分析员工与岗位的匹配程度，实现因人设岗和因岗设人并行，让员工与岗位高度匹配，真正在相应的岗位中发挥特长，实现个人成长，发挥个人价值，降低企业组织成本，最终促进企业的整体发展。

3. 控制组织实践成本

大数据时代企业组织成本管理可以从控制组织实践成本入手，为此，管理会计人员可以创新地运用职能特点，以项目为单位、以客户群为依据进行组织实践成本的控制。

首先，管理会计人员可以借助大数据技术划分业务活动，据此对企业内部的重要部门进行重新规划，以提高管理效率、尽可能减少组织成本。

其次，管理会计人员需要以项目为单位，根据企业具体项目工作内容创新性地设立单独的组织系统，将项目所需的人力、物力资源集中在一个组织系统内，对项目运行实践期间的组织成本进行控制。如企业开展新产品研发项目时，管理会计人员可结合特定项目内容对企业新产品的相关资源进行最大程度地汇集并建立相应部门。在此基础上利用大数据技术对部门内部进行信息衔接，以便充分利用各项资源。同时立体化地利用各类关键性信息与资源来推动新产品开发与投资，控制新产品研发阶段的沟通成本。

最后，管理会计人员要以客户群为依据进行部门的划分，从而实现对组织成本控制的创新。具体来说，管理会计人员可以借助大数据技术深入剖析客户群体的特征并对其进行分类，然后根据客户群设立对应的组织部门，如建立潜在客户部门、新客户部门、老客户部门、售后部门等，加强各部门服务的专业性，促进各部门交流的及时性和多元化，提高各部门之间的协作性，最大限度地降低客户维护的沟通成本、协作成本，实现潜在客户向老客户的转变

4. 提高组织工作积极性

组织内部工作的积极性影响着组织部门间的配合程度，高度积极的组织，其组织成本也能得到相应的优化。具体来说，管理会计人员要借助大数据技术构建权利开放机制，真正使贡献、能力强的组织部门得到更大发展空间，调动其工作积极性，实现企业组织成本下降，同时给企业带来经济效益。

管理会计人员在利用大数据构建权利开放机制的过程中应从以下两点入手：一是坚持贡献和权利公平分配原则，管理会计人员可将部门贡献的大小作为奖励准则，基于各部门对实现组织目标的贡献程度对其进行权利的重新分割，从而使贡献率大的组织部门真正享有更大的权力，获得更多资源与发展空间，从而调动工作积极性。而要想得到各部门的贡献率结果，管理会计人员还需借助大数据技术，将各部门工作量、工作目标和工作贡献等信息进行建模分析，根据评估结果进行权利分配，调动各个部门员工的积极性，从而降低组织管理成本。二是建立诊断、授权、反馈三合一的闭环式权利开放机制。

管理会计人员可利用大数据技术重点对岗位设计与组织设计两方面的数据进行分析，诊断各部门权利受限的原因并向管理层报告，然后将企业发展

战略目标愿景和员工个体发展愿景进行比对分析，根据分析结果采取针对性措施促使员工把个人发展和企业愿景紧密地结合起来，不断深化利用手中权力进行创造性的劳动，持续地为企业发展作出个人贡献，即以下放权力来激发员工工作潜能、给企业带来更大经济效益、实现企业组织成本的降低。最后，管理会计人员要对每个职工的工作贡献进行分析并制定相关奖励机制，使每个员工对企业所作的贡献都能够通过数据化方式呈现出来，从而使企业员工在奉献的同时得到认可，从而最大程度地调动员工的工作积极性，使其在感情上真正进入到企业未来发展中，提高工作效率，减少不必要的损失，最终实现组织成本控制。

二、大数据时代企业生产成本管理创新

（一）企业生产成本管理的内涵

生产成本是生产单位为生产产品或提供劳务而发生的各项生产费用，包括各项直接支出和制造费用。直接支出包括直接材料、直接工资、其他直接支出；制造费用是指企业内的分厂、车间为组织和管理生产所发生的各项费用，包括分厂、车间管理人员的工资、折旧费、维修费、修理费及其他制造费用。

生产成本管理则是企业在生产经营活动中对各种成本核算、成本分析、成本决策、成本控制所进行的一系列科学管理行为。实质上，生产成本管理就是企业为降低成本而对生产过程中的各项消耗与成本进行指导、约束和监督，使实际成本保持在预定标准成本范围内，总之，生产成本管理是现代企业市场竞争中不可缺少的一环。

（二）企业生产成本管理的作用

1.生产成本管理维持企业资金周转

企业作为自负盈亏的商品生产者、经营者，为保证再生产的持续进行，需要利用企业收入对生产成本的缺口进行弥补。当企业获得销售收入时，生产成本管理要求企业必须分出部分资金弥补生产经营对资金的消耗，从而使资金周转保持原来的规模。

2.生产成本管理保障企业生存

一方面，在生产管理上，成本控制是企业抵御内外压力，实现生存的首要保证。企业内部成本控制能够降低产品的价格，增强企业的市场竞争力，从而获取更大的收益。如果一个企业经济处于萎缩阶段，降低成本对于其维持生存就更重要了。另一方面，生产成本管理对企业决策十分重要，提高经济效益是我国社会主义市场经济对企业提出的客观要求，也是企业长久生存的必要条件。要做到这一点，企业首先要进行正确的生产经营决策。而在生产经营决策时，有许多因素要考虑，其中生产成本就是其中重要的一项。其原因是生产成本在一定价格条件下直接关系到企业的利润，利润正关乎企业的经济效益。

3.生产成本管理促进企业发展

由上文可知，生产成本管理有利于提高企业经济效益，而经济效益积累也为企业的长远发展提供了物质基础。通过生产成本管理，企业生产成本下降的同时产品售价不变，则企业利润将得到显著提升，企业经济基础将更为牢固，企业将更有实力提升产品质量、创新产品设计，从而谋求新的发展。

由此可见，生产成本管理对于维持企业资金周转、保障企业生存和发展起着举足轻重的作用。

（三）大数据时代企业生产成本管理创新策略

企业的生产成本管理应贯穿企业生产经营的全过程，包括采购环节、运输环节、库存环节和生产环节（如图4-6所示）。大数据时代，管理会计人员利用大数据技术来实现对生产各个环节的成本数据进行合理分析，有效避免因某一个环节增加成本而导致其他环节成本上升的连锁反应，推动整个企业生产成本的控制管理。

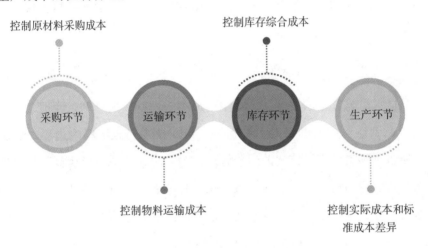

图4-6　大数据时代企业生产成本管理创新策略

1.采购环节成本管理创新

在原材料采购环节，管理会计人员可综合运用大数据技术对采购成本细节进行充分掌控，掌握企业生产所需要的原材料类型及价格的市场数据情况，并根据企业的实际情况，有针对性地选择原料供应商，最终实现采购成本的控制。

首先，原材料价格对企业的生产生本管理有着举足轻重的影响。管理会计人员为提升企业市场竞争优势可利用大数据技术设置相关数据采集模块，自动收集并分析历年原材料价格数据、企业采购数据、原材料申领数据等，测算出企业原材料价格的市场波动趋势，同时比较采购原材料预算及实际原材料订购存在的差异，为下一阶段更准确地编制采购计划提供数据支持。其次，管理会计人员可对各原材料供应商企业规模、供货情况等进行数据比对，筛选出相对可靠的原材料供货商并向采购部门进行信息推送，方便采购部门进行接洽。最后，管理会计人员除了要考虑原材料购买的静态数量之外，还要考虑到实际生产情况的动态性，适时依据企业生产中所发生的种种预算外情况，灵活制定有弹性的原材料采购计划，使企业原材料采购综合成本最小化。

2. 运输环节成本管理创新

原材料运输环节的成本在企业生产成本中占有较大比例。管理会计人员为达到控制运输成本的目的，可利用大数据技术突破部门间边界，实施仓储、配送、物料供应一体化的运输管理，测算出最佳原材料运输路径以确保物流有效供应前提下的运输成本最小化。具体而言，管理会计人员可利用大数据技术分析企业原材料运输时间、运输距离、运输频率，根据结果灵活选择运输工具和路径，在确保原材料供应及时的前提下，实现运输方案成本的最小化。

3. 库存环节成本管理创新

影响企业库存成本的两个关键因素分别是库存物料量和库存管理费用[①]。为有效控制企业库存物料量成本，管理会计人员可利用大数据技术对现有库存物料量的相关影响因素数据进行分析，包括产品订单数据、现有库存量数据、物料清单数据等，测算出既保证物料供应，又实现库存成本最小的企业最佳库存物料数量，供库存成本管理人员进行参考。

---

① 储俊，林南祥. 大数据背景下企业存货成本管理优化研究 [J]. 财会通讯，2022（20）：165-170.

在此基础上，企业把控库存成本可以借助两种方式：一是对仓储物资粘贴电子标签。在粘贴电子标签时，管理会计人员需向库存管理人员提示标签需要包含对应物料的唯一编码和详细的仓储信息，以确保后续可以借由数据系统准确定位到每一个标签上所标物料，提高物料提存效率，实现库存管理成本的降低。二是对库存物料开展射频识别技术跟踪。射频识别跟踪技术可以实时掌握跟踪物料的投入、使用和运转的全过程，保证物料可以准时准地送达相应的生产位置，最大限度地降低物料在库存管理过程中产生的各种人力管理费用。

4.生产环节成本管理创新

大数据时代，管理会计人员能够在生产环节通过使用大数据技术对标准生产成本和实际成本进行比较，从而达到成本控制的目的。当标准生产成本和实际生产成本相差比较大时，那么管理会计人员就有必要深入到车间去，和负责生产环节的相关工作人员进行沟通交流，找出数据差异大的根本原因，再据此调整相关数据，实现生产环节成本控制。当实际生产成本出现严重异常情况时，管理会计人员需征得企业管理者同意后并深入到各部门中去，在取得各部门支持的同时结合生产成本中产生异常情况的具体原因，提供具有全局性的策略，促使各部门互相配合，合理解决生产成本异常情况，降低生产成本。

综上所述，管理会计人员在进行生产环节成本控制时，需要借助大数据技术将实际数据与标准数据进行灵活比较，并且结合二者数据差异制定出对应的成本控制策略，实现企业各生产环节成本的最大化，促使企业在产业发展进程中保持有利地位。

三、大数据时代企业投融资成本管理创新

（一）大数据时代企业投融资成本管理创新可行性

企业投融资管理是对企业投资、融资活动成本进行控制，避免盲目投资、融资造成企业资金浪费。企业管理会计人员要随时关注市场信息，主动研究市场利率，对于投资项目和融资项目进行测算论证，健全企业资金管控体制，确保企业资金的合理运用。

大数据时代，企业投融资成本管理创新的可行性分析可以从技术和渠道两个方面入手。

1. 技术可行性。

大数据时代，数据挖掘与分析技术、信息加密和共享技术的支持为企业投融资成本管理创新提供了可行性。一方面，利用数据挖掘与分析技术，无论企业进行投资还是融资，都可以获取到各类经济数据，掌握投资对象企业的具体情况、了解各类融资渠道的利率和风险程度等，供企业管理层决策参考，减少决策失误造成的成本损失。另一方面，利用信息加密和共享技术可以确保企业进行投融资活动时关键数据不会外泄，管理会计人员有必要利用区块链技术对投融资数据进行处理，设置私有性的区块链秘钥，数据接收者通过录入秘钥获取数据信息，最大限度地降低投融资双方数据风险，降低信息泄露给企业带来的损失成本。

2. 渠道可行性

大数据时代，企业投融资活动可以通过企业投融资管理平台进行。该类平台上汇集着大量资金提供主体与资金需求主体的大量数据，同时搭载区块链技术以保证双方交流信息的安全。平台作为一种媒介，可以加快资金提供

主体和资金需求主体双方的信息匹配，提高交易的效率，减少双方投融资过程中的成本。企业管理会计人员可根据企业需求利用该类平台进行信息收集，实现基本信息链、资金信息链、交易信息链、信用信息链等多种数据链条的交互，使企业对于投融资活动的所有信息了如指掌，以便更好地做出投融资决策。

（二）大数据时代企业投融资成本管理创新的作用

1.降低企业投融资信任成本

企业间投融资亟须解决的难题就是信息不对称，也就是投融资方相互之间了解不深刻。面对这种情况，管理会计人员可利用大数据技术对对方企业中各种经营数据、财务数据等结构化数据、非结构化数据进行发掘，并且有针对性地对其进行归纳整理，以便对对方企业经济实力和运营能力有一个深入的把握，同时根据自身实际情况，合理规划资金配置，选择最适合的投融资项目。总之，借助于大数据，管理会计人员能够有一个对项目的整体把握，化解传统投融资中信息不对称难题，减少投融资的信任成本。

2.降低企业投融资渠道成本

在企业投资方面，管理会计人员可以利用大数据技术对投资项目进行详细比对，分析直接投资和间接投资的效益和风险，结合企业实际的资金周转周期向管理层推荐合理的投资方案。在投资渠道选择上，管理会计人员可以通过大数据分析不同渠道的性价比，结合企业自身的经营计划灵活地向管理层推荐合适的渠道，实现投资渠道成本的最小化。

在企业融资方面。管理会计人员要从内源融资和外源融资两方面入手。就内源融资而言，企业需要资金可以优先考虑留存收益的使用。就外源融资而言，可以通过大数据技术分析发行股票、债券、银行贷款等渠道的融资成本，结合企业实际需求合理选择融资组合方式，使融资成本最小化[①]。

3.降低企业投融资试错成本

企业在投融资过程中经常会遇到各种不确定因素的影响，造成投融资试错成本不断增加。为此，管理会计人员可利用大数据分析模型对投融资方案的风险、收益、周期、金额等数据进行全面的比对，对投融资项目进行精准"画像"，实现投融资项目的事前、事中、事后的全流程成本控制，监督企业资金需求和留存的变化，及时对外部环境变化对投融资收益、风险的影响做出响应，以便尽力规避投融资带来的试错成本。

（三）大数据时代企业投融资成本管理创新策略

大数据时代，企业投融资成本管理创新策略包括以下三个方面，如图4-7所示。

图4-7 大数据时代企业投融资成本管理创新策略

1.升级企业投融资管理平台功能

大数据时代，企业投融资管理平台也要搭载最新的技术实现功能的全面升级，包括可视化数据大屏、并购图谱查询、审计、法律、资产评估等服务、企业投资价值评价等。

---

① 张秋燕.企业融资成本及风险控制管理措施探讨[J].财会学习，2022（1）：112-114.

（1）功能一：可视化大数据平台

可视化大数据平台可以为企业提供最直接的结果呈现，让企业全面认识投融资信息数据。

（2）功能二：并购图谱查询

企业投融资管理平台要开通企业并购图谱查询功能，方便企业查询参控股子公司图谱，将其名下的参控股子公司一一排列出来，展示具体的投资比例、认缴金额、控股比例等信息，生成该企业关系图谱，直观展示其所有参股企业列表和占比分布等信息，企业据此可以挖掘出更有价值的信息。另外，平台还可以提供企业产业布局情况全览图，根据并购企业的参控股、行业、区域等标签来分析，整合企业产业布局。同时展示企业潜在竞争关系概览图，对企业投融资项目开展的潜在竞争对手进行图谱分析和可视化展示，利用并购数据分析潜在的竞争对手和相应同行竞争对手，企业也可自行添加想要对比的企业，综合挖掘企业竞争对手的布局。

（3）功能三：审计、法律、资产评估等服务

企业投融资管理平台要汇集各类服务商，开通综合服务板块，为企业投融资活动提供审计服务、法律服务、资产评估服务等。借由平台大数据技术和智能分析系统对交易机构、服务商进行排名展示，企业可以在平台上快速找到所需服务的提供商，获得投融资解决方案的决策素材和报告依据。

（4）功能四：企业投资价值评价

企业投融资管理平台要基于大数据技术与模型算法，通过机器学习模拟专家打分，模仿专家对企业价值评价的决策过程，并自动、高效地对企业数据进行多层次、多维度与全方位的价值解析，生成可下载的企业报告，让投资企业深度了解融资企业基础信息、成长性、投资价值与财务状况，协助投资人决策。

2.保障投融资双方财务数据共享安全

企业投融资管理平台为企业投融资活动提供了路径，但是要想真正将平台的功能价值发挥出来，还需要投融资双方自愿进行财务数据共享。财务数据关系到企业的核心，一般企业担心详细的财务数据泄露会给企业造成负面影响，并不愿意与外部企业进行数据共享，因此，保障投融资双方财务数据共享的安全性就成为必要的手段。为此，企业投融资管理平台要搭载区块链技术来对投融资双方的实时、动态化信用数据、资金数据、交易数据进行上链处理，并将这些数据存放到相应的数据库中，保障各个节点的数据共享安全。

区块链是按照时间顺序，将数据区块以顺序相连的方式组合成链式数据结构的分布式账本，并用密码学方式保证其不可篡改且不可伪造。实现数据安全可信。区块链对数据安全可信的保障是区块链保障投融资双方财务数据共享安全的应用基础。一方面，区块链可以对数据进行验证和溯源，为企业建立信用网络；另一方面，区块链防止数据篡改，保障数据安全。信用缺失容易导致投融资交易失败，企业投融资管理平台应用区块链技术恰好可以构建起一张信用网络，解决数据的信用问题，实现数据开放共享，为投融资双方企业提供一个真实、可信、安全的财务数据信息共享空间。

3.加强企业投融资数据后续管理

企业的每一次投融资活动的数据都需要录入企业内部的数据库中，通过分析企业历次的投融资项目结果，复盘投融资决策的准确性与及时性对于企业后续的投融资成本管理意义重大，有利于企业从失败的经历中吸取教训，从成功的经历中归纳经验。为此，企业管理信息人员要加强对投融资数据的后续管理，明确自身作为数据负责人的职责，定期将投融资数据的管理情况以书面形式向企业决策层汇报，并不定期的接受企业领导的检查和监督。

第四节　企业风险管理创新

一、企业风险管理的相关介绍

（一）企业风险管理基本内容

1.企业风险

企业风险指未来的不确定性对企业实现其经营目标的影响。按风险来源可分为外部风险与内部风险两大类。企业外部风险包括经济环境风险、政治环境风险、法律环境风险、客户风险、竞争对手风险等；企业内部风险包括组织和管理风险、人事风险、营销风险、财务风险、产品风险等。

2.企业风险管理

企业风险管理就是在确定存在风险的环境中将风险可能带来的不良影响降低到最低程度的一种管理流程。对于现代企业来说，风险管理至关重要，做好风险管理，有利于减少决策错误几率，规避企业损失，从而增加企业价值。

企业风险管理的方式包括两种：一是规避风险；二是分散风险。

在规避风险方面，企业在发现进行某项活动将涉及过高的风险时，可以决定改变或放弃该活动以规避部分风险甚至完全规避风险。规避风险可采取两种途径：放弃原方案风险和全盘否定风险。放弃原方案风险并不会使企业不再面临风险，规避一种风险的同时可能带来另外的风险，甚至可能面临同样的风险，如企业发货物流利用航空运输替代海运运输，尽管表面看起来航空运输的速度更快，可能避免了海运运输周期长，货物不能按期交付的风险，但是仍可能面临极端天气等情况导致发货延误，不能按期交付，或者出现货物损失风险。全盘否定冒险可以使企业不再面临相应的风险，但是风险往往伴随着收益，企业也可能因此失去从风险中获得收益的可能。事实上，企业以盈利为目的，想要获得收益必然要承担一定的风险。企业的所有经营管理活动都可能面临各种各样的风险，完全无风险的活动并不利于企业的长久发展，因此规避风险的行为很多时候是行不通的。

在分散风险方面，企业可以运用多元化经营、投资和筹资策略来吸引更多的供应商、投资商、客户等，从而分散一方合作失败导致的经营风险。在开放的市场环境中，法规修订、产品创新等情况都会引发市场变动，连带着加大企业外部风险，因此企业在进行风险分散时要基于大数法则，通过增加风险单位的个数，降低损失的波动。这样，企业一方面对损失能有较准确地预测，另一方面可以减少损失备用金。如企业进行投资活动时应当选好一个市场风险最小的投资组合，融资时应当注意选取多样化的融资工具并对其进行合理组合，以避免单一工具所面临的特定风险。

（二）大数据时代企业风险管理的特点

1. 数据综合性

企业风险管理具有综合性，主要表现为海量数据处理的种类和来源多元性。大数据时代，企业内外风险数据种类繁多。内部数据由数据库和报表这些传统结构性数据组成。外部数据包括各种非结构化数据，如历史数据、预测数据等，也包括与政府、行业协会、供应商、客户等外部机构对接产生的各种数据。为此，企业管理会计有必要利用大数据技术对种类繁多、来源广泛的信息进行综合性分析，并对其中隐含的风险信息进行有效辨识，从而达到对综合性风险管理的目的。

2.管理前瞻性

企业风险管理的价值在于通过及时准确地分析风险并提出有效的应对建议，帮助管理者作出更为合理的决策。也就是对风险进行前瞻性的管理，并有效发挥其决策支持作用。从会计的原理上来讲，金融风险表现永远都是滞后的，一些数字并不能完全来表现当前所有企业的风险情况。同时，过去由于技术限制，数据处理速度较慢，管理会计很难做到真正的前瞻性，大数据时代，技术的进步为企业风险管理实现真正的前瞻性提供了可能。

企业风险管理可以运用大数据、云计算等技术，对从各个渠道获取的海量数据包括工商、司法、舆情等非结构化数据进行筛选、分类、标签，将其转化为标准的、可量化分析的结构化数据，并根据各个数据源的特点提炼出风险特征。根据过往历史数据、案例等对风险维度及指标进行统计分析，形成评分维度。最终从法律风险、声誉风险、经营风险、财务风险等几个维度，进行企业自身信用风险量化模型的建立，给出一些辅助的智能决策的建议，做出最终的评价。

3.技术复杂性

企业风险管理的技术复杂性主要体现在两个方面：一是大数据计算的复杂性；二是大数据系统的复杂性。

一方面，大数据计算不可能像处理小样本数据集一样对全局数据进行统计分析与迭代计算，对企业风险管理数据进行分析时需对其可计算性、计算复杂性以及求解算法等问题进行再考察与再研究。传统计算复杂度指解决某一问题所需时间、空间和问题规模之间的函数关系，而所谓具有多项式复杂性的算法则指问题规模增加时，计算时间和空间的增长速度处于可容忍范围。在大数据应用中，特别是流式计算领域，通常对于数据处理与分析的时、空都有着明确的约束，例如网络服务若响应时长超过数秒乃至数毫秒则会损失大量用户。

另一方面，大数据对于计算机系统运行效率、能耗等方面都有严苛需求，大数据处理系统效能评估不仅需要明确大数据计算复杂性、系统效率、能耗之间的关系，还需要考虑衡量系统吞吐率、并行处理能力、作业计算精度和作业单位能耗几个效能因素。在大数据应用于企业风险管理时，信息系统要实现由数据围绕处理器转向处理能力围绕数据转的改变，其焦点不在于风险数据加工而在于风险数据搬运。因此，系统结构设计的起点应由注重单任务执行时间向提高系统吞吐率及并行处理能力过渡。

（三）大数据在企业风险管理中的应用价值

大数据在企业风险管理中的应用价值包括以下三个方面，如图 4-8 所示。

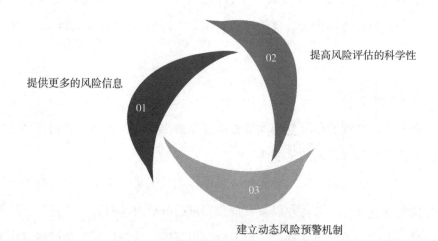

图 4-8　大数据在企业风险管理中的应用价值

1.提供更多的风险信息

企业风险管理的前提是获取到风险信息。大数据在企业风险管理中最直接的应用价值就是为企业提供更多的风险信息。管理会计人员借助大数据能够收集到大量全面、实时的信息，进行去伪存真、去粗取精、辨别真伪、区分表象与真相的数据处理，过滤到无关紧要的信息，进行有效的分析与识别，甄别出有价值的风险信息数据，然后按照风险等级进行分类登记，从而为切实提升企业抵御风险的能力提供有力的数据支持。一方面，管理会计人员可通过网络爬虫从各类企业信息公开网站或其他外部系统收集外部风险相关信息，如与自身所在行业有关的政策变化信息、宏观经济变化信息、市场调整信息等，把握企业在发展、管理中不确定的外部风险。另一方面，管理会计人员可借助企业内部信息系统收集企业内部相关风险信息，发现内部数据异常情况并进行分析，及时预见到潜在风险并给出相应的解决方案，提醒管理人员进行及时处理。

2.提高风险评估的科学性

量化风险是制定重要业务决策的重要组成部分。过去多数企业管理者一般通过过往经验和业务敏锐度来评估风险。这种方式具有主观性，因此风险评估结果并不精确，甚至可能造成错误决策，导致生产成本增加、交货延迟等问题。大数据在企业风险管理中的应用价值之一就是可以用数据说话，隔离主观色彩，提高风险评估的科学性。为了准确评估风险，管理会计人员还需要将大数据技术与人工智能技术相结合，建立智能算法。具体而言，首先要基于算法准确地理解自然语言并将其处理为机器语言，然后建立一个涵盖所有可能的风险情况的框架，利用人工智能技术来验证数据并识别异常，最后在分析这些数据异常之处的过程中，科学判断其中可能存在的风险，做出科学性风险预估，将结果提供给管理人员。

3.建立动态风险预警机制

企业风险预警机制是风险管理的核心。企业风险预警机制包含了风险识别、风险库建设，预警指标设计、预警规则、风险应对和处置机制。风险预警机制的关键在于风险预警指标体系的设计。风险预警指标体系设计，不仅包含财务预警指标，还有其他影响战略和绩效目标实现的量化预警指标，不仅是企业内部的量化预警指标，还有企业外部影响因素的量化预警指标。除了指标设计之外，每个指标的预警规则，触发预警有效性、灵敏性，都需要风险预警指标体系设计去完善。风险预警指标有定量指标，也有部分定性指标，风险预警指标设计需要借助大数据技术实现量化。量化需要在明确企业经营目标的前提下，再通过影响因素进行数学建模。其关键在于对各个影响因素的数据进行模型分析和参数检验。在风险预警指标体系设计完成后植入大数据风险管理系统中，管理会计人员就可以随时、动态地进行风险预警工作，也就是通过利用大数据来实现数据监控工作，做到风险预警动态化、实时性。

二、大数据时代企业风险管理系统创新

大数据时代，企业风险管理系统创新包括企业风险事前、事中、事后三个阶段的管理系统创新，实现企业的风险管理闭环控制，提高企业风险控制总体水平。

（一）大数据时代企业风险事前管理系统创新

企业风险事前管理系统实质上就是企业风险预警系统。大数据时代，企业风险预警系统要实现五大功能，如图4-9所示。

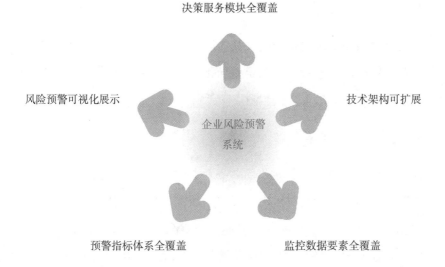

图 4-9　企业风险预警系统功能

1.决策服务模块全覆盖

大数据时代，企业风险预警系统要实现指标加工、规则管理、策略管理、模型管理、名单管理、决策工具等决策服务模块全覆盖，满足业务一站式智能预警方案构建的全部需要。

2.技术架构可扩展

大数据时代，企业风险预警系统要实现功能模块化、参数化，技术架构容器化、微服务，支持业务敏捷开发和部署。

3.监控数据要素全覆盖

从风险预警监测指标体系到底层数据、数据口径、数据标准，企业风险预警系统通过对内外部数据的融合，形成标签、指标体系，全维度全生命周期的来实现数据管理和风险监测。

4. 预警指标体系全覆盖

企业风险预警系统要将企业及其关联公司、子公司共同纳入监测，基于行业、企业规模、产品特点等制定差异化的指标体系和预警阈值，分风险类型、分业态、分区域进行重点监测。

5. 风险预警可视化展示

首先，在设计风险预警进度看板时，技术人员可通过数据对比等方法，找出数据的不同之处，及时做出相关数据预警。其次，技术人员可根据风险管理数据类型灵活地选择所呈现图形，如饼图、散点图、仪表盘、折线图等，更直观地呈现所要表达的风险预警信息。最后，技术人员在展示风险管理数据时可依据不同风险程度设定不同色彩，如红色标记主要风险、黄色标记一般风险、绿色标记无风险、蓝色标记潜在的风险等，使企业管理人员能够及时收到相应的风险预警并预先制定出应对风险的对策，从而最大限度地减少企业损失。

（二）大数据时代企业风险事中管理系统创新

企业风险事中管理系统实质上就是企业风险监控系统，其创新的重点在于实现风险的实时监测，做出风险决策智能分析，以供管理人员参考。

1. 风险实时监测

企业风险监控系统实现风险实时监测首先要对关键风险点进行监测，具体路径包括以下三点。

（1）生成关键风险对象列表。风险事中管理系统既要对企业常规业务风险进行实时监控，也要把事先确定的潜在风险隐患列入为重点实时监测的风险对象清单。

（2）完善动态风险监控规则和指标。技术人员可根据企业管理会计人员、风险管理人员对所列举的具体风险事项和监控需求，借助于大数据技术构建数据模型并完善相关动态风险监控指标及规则。

（3）实时绘制风险坐标图。风险坐标图是把风险发生可能性的高低、风险发生后对目标的影响程度，作为两个维度绘制在同一个平面上。企业风险监控系统要能够根据风险产生的概率和特定影响程度展示不同色彩的提示，从而为人工干预风险管理提供直观、实时的风险坐标图。管理会计人员可针对不同风险等级，灵活地选择出各种应对措施建议供管理人员参考。

2.事中风险决策智能分析

企业风险监控系统要升级风险应对决策智能分析功能，通过建立智能决策模型，对多种风险应对策略进行智能化分析，并帮助风险管理人员做出合理的选择。风险决策智能分析是基于大量历史经验，对多种风险应对方案进行智能比较，筛选出符合企业长远目标的风险应对选项，从而给出判断结果并辅助决策，最终由管理人员选择采取何种风险应对方案。而管理人员的职业判断也会被作为新的训练数据输入至决策模型中。与传统的人工决策相比，风险决策智能分析有助于企业更好地实现风险应对，提高风险管理工作的事中控制效果。

（三）大数据时代企业风险事后管理系统创新

企业风险事后管理系统实质上就是企业风险管理评价系统。企业风险管理评价系统包括风险管理系统建设各个方面的评价指标体系、进行评价的操作程序和各种评价方法中的应用参数。其创新的重点在于指标体系的创新和评价报告的创新。风险管理事后控制意义在于形成风险管理闭环，提高风险管理工作效率。

1.创新企业风险管理评价指标体系

企业风险管理评价系统需要通过设置的一系列指标来观测企业风险管理的质量，并从中发现企业可能面临的风险，这是一种直接而有效的方法。企业风险管理评价系统有效性评价指标体系包括体系完备性、系统深入性、管理详细性、目标达成性、运行有效性和持续维护性六大方面，如图4-10所示。

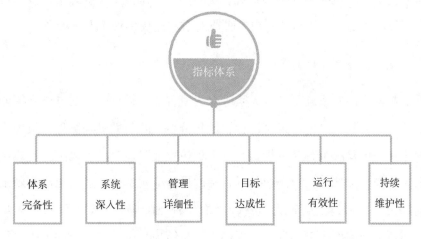

图4-10　企业风险管理评价指标体系

（1）体系完备性包括七个方面：①企业风险管理机构设置是否健全、职责是否明确、组织管理是否合理；②体制内全员风险管理与内部控制培训是否开展，风险管理意识和职业操守标准是否建立；③是否有企业级领导专职负责风险管理，其职权范围和精力是否合适和充沛；④风险管理是否涵盖企业财务、市场营销、产品销售、物资采购、人力资源管理、绩效考核、对外对内投资、安全生产、合规等业务和管理层面；⑤信息采集点是否包括了主要的业务环节，如财务出纳、市场反馈、产品销售、企业供应链、工作计划进度、绩效考核、薪酬体系等；⑥是否建立了风险管理信息系统；⑦风险管理层次分明，包括风险战略管理、风险管理环境建立、风险发现、风险评估、风险应对、企业内控、信息沟通、监控。

（2）系统深入性包括五个方面：①对财务风险类指标的跟踪与分析（资产类指标、现金类指标、权益类指标、费用类指标、流动类指标等，或者营运能力、发展能力、偿债能力、收入与费用等指标体系）；②对市场风险类指标的跟踪与分析（收入类指标、发展类指标、库存类指标、客户投诉类指标、有关品牌的市场突发事件等）；③对投资类指标的跟踪与分析（投资回报、投资规模、行业竞争）；④健全的安全生产制度、对安全生产的稽查、安全生产监控；⑤企业关键风险是否清晰列出，并且有完备的管理处置机制。

（3）管理详细性包括六个方面：①企业内部控制节点的详细程度，是否覆盖了必要的各个环节；②控制程序文件的详尽程度，是否对于风险的发生有明显的抑制作用；③风险事件库的设置是否详细，有助于快速的查询，以应对紧迫的风险管理的需要；④风险预警观测点是否按照业务或组织层级的深入进行布置的，是否有助于提前发现风险信号；⑤控制程序文件编写是否严谨、规范和适用性，没有歧义；⑥业务信息记录和传递的及时、准确和全面性。

（4）目标达成性包括十个方面：①风险管理战略目标是否迎合企业的发展战略，是否对战略目标进行了有效的分解；②风险管理系统是否增进了对企业的全面深入了解（资产、现金、工作进展、人员状况、市场反馈等）；③管理的触角是否可以从顶层直达最底层；④风险管理系统是否建立了检查和牵制平衡机制；⑤风险管理系统是否设立了风险限额和范围；⑥现金流特别是经营性现金流是否处于日常监控和定期分析环境中；⑦企业的销售盈利指标设置是否与风险控制和计量保持平衡，充分克制了销售环节的短期行为；⑧对员工的绩效考核和激励补偿是否与企业风险管理的目标一致，并且迎合了企业的长远发展战略；⑨企业的重大关键风险是否处在日常的监控中

（是否有电子化的预警辅助系统）；⑩风险管理报告（包括财务报告）的真实性、可检验性和其中的风险指标是否全面，是否包含了事前预警、分析和事后处理。

（5）运行有效性包括六个方面：①是否有明确的、有效运行的企业风险预警机制；②关键环节风险发现的全面性、及时性；③对风险评估的及时性和评估技术的先进性、快捷性、准确性；④风险应对策略的合理性、适用性、经济性；⑤危机处理预案的完整性、可操作性；⑥压力测试或操作有效性结果评估。

（6）持续维护性包括四个方面：①是否有日常的风险管理监控体系在常规的运行，并定期对运行的状况进行反馈；②是否有因应环境变化而对系统进行修订的机制（体系的自适应机制）；③是否有专职人员负责系统的改善、修订；④企业风险管理系统是否适应企业不同发展阶段对风险管理的不同要求。

2.创新企业风险管理评价报告

企业风险管理评价系统可借助于其系统内自动化流程向报告使用者发送风险管理报告。在电子版非标准报告生成的同时，该系统可借助于可视化技术及语音自动报告功能制作非标准的视频化风险管理报告。与平面文字报告相比，视频化风险管理报告的优势是显而易见的，通过声音、画面、音效、动画的完美结合，把枯燥的管理报告表述得形象生动，更重要的是，视频化的风险管理报告可以表达许多文字无法表达的内容。

三、大数据时代企业全面风险管理体系建设

通常情况下，企业全面风险管理体系由组织体系、管控体系、运行机制、管理系统等方面构成。大数据时代企业风险管理系统创新已在上文进行

了阐述，下文将重点从企业风险管理的组织体系、管控体系、运行机制方面进行研究。

（一）建立风险管理组织体系

企业风险管理组织体系的建立可以从规范企业法人治理结构、风险管理部门、其他管理部门职责入手。

1.规范法人治理结构职责

企业治理结构对于企业风险管理和整体发展都至关重要。良好的法人治理结构能够降低决策中的错误，避免股东资产损失并减少代理人各项费用。治理结构是企业进行有效风险管理的组织保证，主要包括董事会、专设机构、经营层等。

（1）董事会

董事会是由股东大会选举产生的，对股东大会负责。董事会成员中的外部董事和独立董事的数量应当占董事会所有成员的一半，确保董事会对重大决策及重大风险管理作出独立于经营层之外的判断与抉择。独立董事制度对企业风险管理的影响主要体现为以下两个方面：一是独立董事能以更丰富的阅历、更广阔的视野增强企业识别风险、评价风险的能力；二是独立董事独立性较强，可以降低企业内部控制风险。

（2）专设机构

董事会一般下设审计委员会，有条件的企业也可以在董事会下设立风险管理委员会。审计委员会向董事会负责，承担对内部审计部门的指导和监督工作。审计委员会的成员一般由熟悉财务、会计、审计等专业知识，并具有相应业务能力的董事组成。其中主任委员需要外部董事担任。风险管理委员会主要负责向董事会提供风险分析报告和决策支持。

（3）经营层

总经理经董事会挑选任命并对董事会负责。企业全面风险管理日常事务由总经理或经其授权委托的高级管理人员承担。

2. 规范风险管理部门职责

风险管理部专门从事企业风险管理活动，是职业的风险管理执行者，在企业高层风险管理决策执行与落实中起着举足轻重的作用。风险管理部向总经理或经其授权委托的风险管理人员负责，承担项目开发、项目建设、资金筹措、生产运营、销售、财务等所有业务与职能运营流程的每一个环节风险监控工作，对各环节是否遵纪守法并执行企业规章制度情况进行考察，对于考察结果要向总经理和风险管理委员会报告。

很多企业都把建立内控部当作风险控制部门来抓，其主要职责就是针对财务报告、流程管理的合规性进行内控管理。但这种做法不利于对企业战略和绩效进行风险管理。因此，为了在企业中推行全面风险管理就需要转变这种方式，成立专门的风险管理部，并将原来由内控部行使的内部控制职能一并划归风险管理部。

3. 规范其他管理部门职责

风险管理不只是风险管理部的事，建立全面风险管理体系就是要将风险管理工作落实到各个管理部门中。如投资部门应控制投资风险、运营部门应控制运营风险、财务部门应控制财务风险、人力资源部门应控制人力风险等。在全面风险管理体系中，其他的管理部门也承担着风险管理的重要责任，是风险管理的执行者和汇报者。

（二）构建风险管控体系

企业建设全面风险管理体系必须结合其他管理工作，将风险管理要求纳入企业管理活动及业务流程之中，构筑风险管理三道防线，如图4-11所示。

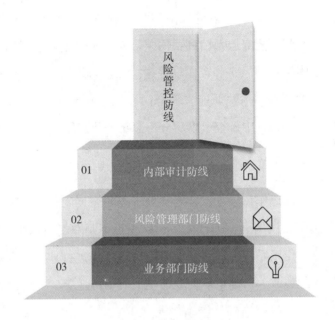

图4-11　企业风险管控体系防线

1.风险管理第一道防线——业务部门防线

业务部门每天都要面临着各种风险，处于风险预防的最前沿。企业须将风险管理手段与内控程序纳入业务部门的业务流程之中，达到工作流、审批流、风险流"三流合一"，筑起预防风险的第一道防线。具体来说，企业要对业务部门的战略风险、财务风险、营运风险等进行系统化地确认、计量、分析、控制与管理。

2.风险管理第二道防线——风险管理部门防线

风险管理部门防线是基于业务部门防线建立企业的更高一级别的风险管理防线，防线的主体部门由风险管理部门、投资决策委员会、财务管理委员等组成。其中，风险管理部门是对风险管理进行统筹规划和集中管理的部门。企业要建立一个以风险管理部门为中心，囊括内控、审计、监察、稽核和法律等在内的多位一体的风险职能控制体系。与业务及其他职能部门相比，这类部门更能克服部门利益的狭隘性，站在企业利益的高度来审视项目或者活动中存在的风险。企业设置这第二道防线的目的在于构建风险职能管控体系，发挥各个风险职能管理部门在风险管理事项上的监督、控制作用，实现事前防范、事中排查、事后分析总结的风险闭环管理。

3. 风险管理第三道防线——内部审计防线

内部审计部作为独立、客观开展审查与咨询工作的部门，对企业内部及其他企业所关注的事项进行监控，旨在提高企业经营水平，提升企业价值。内部审计工作以系统方法对企业风险管理工作进行评估与完善，有助于企业经营目标的达成。内部审计的职能主要有财务监督、经营诊断和咨询顾问三方面。

内部审计通过对风险识别的充分性、风险衡量的恰当性、风险防范措施的有效性进行评价来参与企业风险管理。企业内部审计工作通常只是对各个业务部门和风险管理职能部门开展风险管理活动的监督，并不直接参与到每一项风险评估和控制工作中。

（三）建立风险管理的运行机制

企业建立风险管理运行机制主要包括以下九个方面。

1. 决策机制

决策机制主要对企业风险管理的各个职能机构享有什么样的决策权和怎样行使决策权进行明确，是决策权在风险管理委员会、审计委员会、风险管理部门，业务部门以及其他部门之间的分配和制衡，是风险管理工作中的中枢系统，通常可以划分为战略决策机制、重大事项决策机制和日常管理决策机制。

2.执行机制

执行机制主要对风险管理中每个职能机构所拥有的执行权和怎样行使执行权进行明确，是对执行权的合理分配，保障企业执行到位、不能缺位、不能交叉、不能扯皮并讲究时效。执行权从横向角度来说，是以风险管理部门为主导的事项执行，从纵向角度来说是风险管理部门对其他风险职能部门的协调权。

3.制约机制

制约机制的建立是为了确保风险管理体系中各个机构或者人员所享有的决策权和执行权不被滥用，需要在机制上给予有效约束，防止不当决策和不当执行给企业造成损害。

4.沟通机制

沟通机制主要解决企业风险管理信息传递问题。企业风险管理是一个动态的连续过程，需要各部门参与其中，要实现风险管理信息的共享和及时交流，才能形成整体联动，发挥协同效应，因此，建立和完善风险管理沟通机制对企业十分必要。

5.监控机制

监控机制主要对企业风险管理系统进行怎样有效地监测、由谁来监测、用什么手段和方法监测进行明确。监控机制通常由董事会下设的审计委员会和内部审计部门开展风险管理监控工作，定期开展风险管理审计，评估风险管理工作并提出完善意见。

6. 应急机制

应急机制主要负责在重大风险即将到来时的预警和在重大风险已经来临时的风险应对工作。企业要提前对重大风险事项进行评估，制定应急预案，为迅速应对处置重大风险，将损失降到最低限度做好准备。

7. 反馈机制

反馈机制建立的目的在于对风险管理过程与结果进行信息反馈，让决策者及时掌握决策执行情况，形成风险管理闭环体系。风险管理系统只有通过持续的信息反馈才能够得到持续的完善。

8. 改进机制

改进机制主要负责提高企业风险管理工作的效率与质量。如定期培训、定期召开风险管理工作研讨会、到风险管理先进企业学习和考察等，不断提高企业自身的风险管理水平。

9. 奖惩机制

奖惩机制用于把风险管理各项考核指标或风险事项，纳入企业组织绩效管理考评办法以及员工奖惩管理办法之中，根据风险事件所造成的危害或者损失对部门或员工个人进行考核与奖惩。

第五章　大数据时代企业财务会计与管理会计融合发展策略

财务会计与管理会计融合发展是大数据时代企业会计创新的第三个方向。随着时代的发展,科学技术也在飞速发展着,企业的财务会计与管理会计工作也面临着前所未有的挑战与冲击。因此,要使企业的整体竞争能力得到提高,有必要把财务会计与管理会计有机融合起来,并作为企业的战略发展目标,对会计融合的方法、途径、模式进行不断的创新和完善。同时也要深入探讨大数据时代对企业会计的影响,大力引进技术、软件、系统,提高会计综合工作效率,以期待全面促进财务会计和管理会计的相互补充、相互渗透、相互制约和相互融合①。

在企业的发展过程中,财务会计和管理会计都扮演着举足轻重的角色,把两者结合起来,可以极大地提升企业的管理效率,促进企业的健康发展。尤其是近年来,由于面对日益激烈的市场环境,公司对财务会计和管理会计进行了深入的融合,以监管各种经济活动为前提,更好地提升公司的整体竞争能力,因此,我们必须对市场的发展做出科学的判断,对财务会计和管理会计制订出一套合理的发展策略。在大数据的背景下,引入现代的信息化手段,对会计的各个工作流程进行监控,对相关的内外资料进行自动的分析,从中选出有用的经济资料,这样更有利于企业的发展与进步。另外,还可以将网络安全技术和数字认证技术应用到数据库和信息平台上,对存取资料的工作进行严格的审查和管理,从而防止因账目、账务数据等外泄而导致的一系列负面后果。并可按各个工作程序进行监督、审核、计算、整理、统计、

---

① 曲慧鑫.新形势下企业管理会计与财务会计融合发展的讨论[J].财会学习,2022(11):78-80.

控制、预算与决策，对与之有关的数据信息和财务信息进行自动化的监督和审核，以便能随时了解会计整合的具体状况，并根据公司的发展趋势与需求作出相应的调整与改进。

有关部门还必须全面了解财务会计计量和传达信息的目标，对其会计报告、信息处理方法、数据处理模式、一般会计准则等进行调查与研究。了解财务会计和管理会计的服务对象、核算主体、核算方法之间的差异，从而进行科学的创新，并在此基础上发展出一套新的业务体系，构建集财务会计和管理会计为一体的融合系统，保证公司管理层能够更好地执行公司的经济职责，提高公司的财务核算质量，提高公司的整体经营效益。此外，还可以运用现代数字技术建立财务会计与管理会计的融合模式，对数据融合、流程融合、报表融合等各方面进行模拟，并根据市场分析数据和相关参数进行预测，快速地掌握问题结节和风险节点，并根据模拟数据制定有效的紧急应对措施，将其和总系统串联。在发生异常情况时，可以迅速触发应急机制，使有关部门在第一时间做出反应，从而将财务会计和管理会计的整合风险降到最低。

随着全球一体化进程的加快，我国的经济逐步进入了高质量发展的阶段。由于会计工作涉及大量的数据，因此，其工作的复杂性和经济效益都在不断提高。要使企业的财务工作更好地适应社会和经济发展的需要，必须加强企业内部财务会计与管理会计的创新，为公司谋取更大的经济利益，促进会计事业的发展。

第一节　技术融合：建立数智化企业财务体系

加快数智化建设，构建战略型集约化财务管控体系，将财务会计与管理会计进行高度融合，将有利于企业的发展与进步。

一、企业财务体系的概念

财务体系包括财务顶层体系、财务管理体系、财务核算体系、管理报表体系、内控管理体系、税收管理体系、财务分析体系、预算管理体系等八大体系，它们之间互相交融，有机地形成了一个整体，是企业能否顺利发展的根基。无论是日常的经营管理，还是投资、融资，以及将来上市，都必须以完整的财务体系为基础，财务体系缺乏或者不健全，都将严重制约企业的发展。

无论是财务会计，还是管理会计，都需要依据数据信息来展开日常的工作。近年来，由于企业的经营范围不断扩大，在日常工作中会涌现出一大批的数据信息。一些公司至今仍在沿用传统的工作观念和方法，不但无法有效地对数据进行分析和处理，还会妨碍两者之间的整合。因此，需要引进先进的技术和装备，有效地加快处理信息的速度，减轻会计工作的压力，促进财务会计与管理会计的有机融合。

为此，各大企业应根据自己的实际情况，对会计信息化建设领域投入更多的资金资源。在实施过程中，要综合考虑各种财务资料的收集、整理和分析，并建立相应的数据处理平台。有了该系统的支撑，员工可以方便地进行数据资源的检索与分享，从而大大提高工作效率。这里需要特别注意的是，一定要保证数据的准确，因为一旦有任何的数据出错，那么将会导致非常严重的后果。为此，必须严格控制数据输入的过程，防止数据重复、数据错误等不好的情况发生。并根据公司的实际情况，及时调整、更新信息，确保信息的真实性和准确性。

二、"互联网＋"是财务会计与管理会计融合的基础

从工作职能上来说，财务会计与管理会计之间有很大的差别，财务会计的主要作用是反映企业的真实运营状况，为决策人员提供相关的财务信息。而管理会计，则涉及更多的方面，与公司的财务有关的工作都与管理会计有关，我们可以把管理会计解释成是为企业的决策者提供信息的人员。尽管二者具有不同的工作方法、不同的工作标准和不同的工作原则，但二者又具有一些内在的关联性，也就是说，二者均为企业的业务活动提供了一定的参考依据，它们之间的共同点都是在为企业的经营提供一定的信息采集，在具体的工作中，管理会计与财务会计之间也存在着一些重合，这都有助于推动两者的融合发展。

传统的会计工作以记录公司的历史经营数据为主，而现代的会计工作则突破了以往的限制，对未来做出更准确的预期。在网络环境下，企业内部的工作功能与企业内部的业务功能也存在着一定的一致性，同时也显示了财务会计与管理会计之间的融合模式更加显著。在大数据时代，互联网的高速发展，为二者的整合发展又增加了一个助力，所以，在网络的大环境下，财务会计与管理会计的相互融合是时代发展的必然趋势。

三、建立财务会计与管理会计融合信息系统

基于大数据技术的优势，以财务会计与管理会计融合为前提，建立一个

统一的会计信息融合系统。在这个系统中，财务会计主要是对各种经营行为进行确认和计量，而管理会计主要是进行预测、决策、控制和评估等方面的工作，企业战略目标的确定主要采用管理会计的理论和方法，运用财务核算对项目执行期间所产生的各种交易进行确认和计量。利用管理会计进行企业的年度财务预算，并根据预算进行相应成本和运营管理，财务会计对此进行确认和计量，并相应编制财务会计和管理会计报告，然后根据这两个相关联的报告进行绩效评价。

（一）不断完善企业会计制度体系

为了适应新形势下经济的发展，企业要根据自己的实际情况，从现实要求出发，不断地完善企业的会计制度体系，通过对财务部门进行有效的管理与控制，实现财务会计与管理会计之间的有机结合，增强两个部门的沟通与交流，充分利用自身的优势，为公司增加经济效益。要使我国的财务体制更加健全，就必须在政府的扶持下，给予更多的优惠，创造有利的商业运行条件，让企业在一个好的环境中，不断地发展、不断地完善自己。

（二）发挥信息技术在财务会计与管理会计融合中的作用

随着社会的发展，信息化技术在社会生活中扮演着举足轻重的角色，利用信息化技术可以推动二者的结合。在财务工作中，利用信息化技术可以促进会计信息的传递，从而提升会计工作的效率和品质。另外，通过使用大数据进行数据交流，可以有效地提升工作的质量，降低员工的工作压力，逐步扩展公司的财政和经营范围，将更好的信息资源进行有效的共享，使财务的核算功能得到最大程度的发挥，使其和管理会计有机结合。运用大数据技术，可以使二者之间的优势互补，增加工作的效益。

随着财务会计和管理会计融合的不断深入，企业要获得大量的信息，必须要强化对各种信息的甄别。与此同时，还要对整个网络系统进行不断的完善，进一步优化数据库。在大数据时代，数据是提升企业竞争能力的关键因素，所以，企业要重视数据的收集，建设优质的数据库，以提升企业的核心竞争力。通过对企业内部的数据进行高效的应用，使其各个运行过程更加优化，从而在增加收益的前提下，实现公司的整体效益。

在大数据环境下，企业财务会计与管理会计融合，会计人员必须要针对会计信息的核算进行合理的规划，缩短企业内部信息处理的时间。企业必须强化电脑硬件的质量，高品质的电脑具有运算速度快、储存空间大等优势，可协助公司迅速进行各种资料的处理，并运用优质的硬件，可有效地提升管理效率、会计核算的精确度、节约人力及资源，提升公司的竞争能力。

在新的环境下，必须强化"互联网＋"的指导，建立健全财务会计与管理会计的整合体系，以提高企业的财务工作效率。首先，要建立现代发展的思想观念，利用"互联网＋"建立专门的网上工作平台，推动各种业务的改革和创新。其次，基于互联网工作的基础上，利用大数据，实现财务会计和管理会计的有机结合。

资源数据库，实现了各种经济资讯的流转。以前沿科技为指导，充分利用整合的工作效率，收集、获取、整合平台分析和预算信息，提高会计工作的效率，并利用现代科技，实现信息共享，提高企业内部控制的综合运用效能。要树立"互联网＋"的思想和协作工作的思想，注重多个业务的整合，以共享的金融资讯为目标，为多个行业提供有意义的金融资讯，提高企业财务会计和管理会计融合的效果。

在财务会计与管理会计相结合的过程中，要充分调动财务管理人才的积极性和创造力，并在实践中不断地进行探索。要根据基本的综合措施，将所有工作井然有序地进行。要健全会计基本制度，指导会计从业人员从资产管理、风险管理、成本控制等方面，对国家和产业的有关标准进行深入的学习。从预算管理、制度完善等几个层面，持续剖析当前的困难和改进对策，从强化财务会计与管理会计融合的角度探讨企业的现代财务管理体系，应用财务管理理念指导企业财务会计和管理会计活动按照既定的方案和要求有序地实施整合。二是加强信息体系的构建，以财务会计与管理会计相结合为突破口，进一步健全信息化的企业财务信息体系，并在此基础上，进一步完善会计报表整合、数据传输、安全防护、结果解析等方面的工作，通过加强财务一体化，使企业的财务信息化与其他项目信息系统相互联系，为公司发展决策制定计划以及调整提供重要的财务数据支撑。

要使财务会计与管理会计有机融合，就必须从提高员工的素质入手。在财务工作和会计监管工作中，以一批高质量的财务管理工作队伍去对其做出保障。对于基础的财务知识，要积极学习新的财务管理理论，实现财务工作的优化。为此，应从以下三个层面着手：第一，优化会计人才招聘的标准，挑选名牌大学的应聘者，给他们更好的工作机会，让他们愿意留下来。第二，重视员工的培训，引进员工后加强公司的文化经营系统的训练，使员工认识到公司的财务管理特征。第三，根据企业目前发展的目标来构建其业绩评价系统，使员工遵从企业的规章制度，提高其财务管理质量。

总之，在大数据时代企业财务会计与管理会计的内涵也随之改变。在企业的运作中，使管理与财务核算相结合，从而使其成为一个优秀的财务报告。对企业财务会计和管理会计的融合特征进行剖析，并在加强人员培养、确定工作制度、形成正确的教育理念等方面进行探讨。只有这样，才能使企业的经营与核算相结合，才能有效地化解两者之间的冲突。在协同决策和集成的同时，能够适应公司的内部需求，进行动态的调整，使公司的运作流程达到最优。在新的时代背景下，会计与管理的结合既能提升经营效益，又是企业发展的一种不可避免的发展方向。所以，企业要顺应时代潮流，从一开始就加深观念认识，确立正确的整合发展观念，从制度体系、信息平台建设、预算控制等方面着手，从多个方面提升公司的竞争能力，全面防范财务风险，这样才能为公司创造一个健康的发展环境。

（三）采用全面预算管理的形式

要加速企业财务会计和管理会计的有机结合，就必须采用综合预算的方式来进行财务工作，从而达到更好的效果，在市场上持续地拓展规模，对公司的费用支出进行严密的控制，以确保在实施全面的财政管理过程中实现所期望的财务指标。另外，根据目前公司的具体情况，制订出一套科学的、综合的财务管理策略，并进行年初的预算编制，对目前公司的未来发展规划进行清晰的规划，对未来的发展做出决定，并对其进行详细的分析。最后，可以通过分级的方式对员工进行严格的考评，在规定的时间内要对员工进行奖励和惩罚，对超支的成因进行综合的剖析，并对其进行经济成本和支出的管理。

（四）实现信息共享，推进企业全过程控制

在互联网技术出现之前，企业在进行决策和经营活动的时候，往往无法及时获得准确有效的数据，这是因为受分析工具的限制，造成决策数据不够完备，从而影响了公司的正常发展。企业的主要数据源是企业内部的重要信息源，它的工作就是总结、归纳企业所产生的各种经济信息，并把这些信息理解成"事后反馈"的应对措施，使企业的经营活动无法得到有效的信息，从而制约企业的可持续发展。在大数据环境下，正确运用资讯科技，可以使信息资料得到科学和正确地处理，从而可以有效地降低以上问题的发生，从而达到信息的多样化分享。所以，将会计工作与网络技术相结合，不仅可以优化分析、风险评估，而且还可以提高财务核算的及时性，促进整个会计体系的全面监控与管理。

企业的财务信息共享可以让各个部门的信息达到互通的效果，可以有效地促进财务会计和管理会计的融合，让管理者可以更好地了解公司的经营情况，从而对公司的发展趋势做出正确的判断。要构建一个财务共享的服务平台，构建一个与其运营模式相符的金融运营流程。

第一，通过建立一个统一的财务信息服务系统，可以有效地提升会计工作的效能，减少会计工作中需要大量的记账、结算等繁重的工作，忽略会计核算、数据分析，为各单位提供最优的意见。

第二，它可以为会计主管提供更为精确和完备的资料，从而为公司的经营工作打下坚实的基础。企业经营会计所需要的所有资料都是通过财务核算系统来完成的，它所提供的信息的质量好坏将会对经营会计的绩效产生重要的影响，进而对整个公司的经营效益产生一定的影响。

第三，财务会计因服务主体为外部投资，其提供的财务报表管理会计无法直接使用，还需管理会计进行二次加工，所以，企业应在财务共享服务平台中完善数据建模，方便管理会计直接应用数据信息。

由于二者都是以企业的生产和运营为主要内容，利用信息化技术实现会计信息的有效整合，从而达到促进财务会计和管理会计融合的目的。例如，公司可以通过计算机技术建立一个会计档案，确保公司的全部会计资料都可以在这个档案中查阅，便于会计资料的查阅和使用，使会计资料的使用更加有效。

在新的历史条件下，企业的财务会计和管理会计的融合是适应新时期发展趋势的必然要求，通过对会计工作的分析，使企业能够在激烈的市场环境中取得更大的竞争力，从而使会计工作得到有效的提升，使公司实现可持续发展。

传统的财务会计模型使企业的生产和运营行为发生了脱节，企业的各个业务板块无法与财务部门进行及时、高效的交流。财务会计与管理会计融合要求加快业务与财务一体化的进程，将企业在生产经营过程中的各类信息及时传递给财务部门，财务部门对各类信息进行及时的判断，通过专业知识分析各类信息可能对企业产生的影响并做出判断，构建完善的管理体系。通过财务管理体系建设，合理分析人力、客户、销售等数据，打破部门之间信息交流壁垒，实现各类数据口径的统一。

此外，在收集各种资料时，不仅要注意收集公司的内部资料，还要重视与公司运作相关的信息，并将各种资料有机地结合起来，以提高大数据库的容量，拓展资讯覆盖范围，在掌握直接数据的同时，也需要将非结构性数据加入企业的信息库中。在目前的大数据环境下，要利用网络进行全面的财务管理，同时还要进行网络交易的会计处理，通过对供应链中的公司进行监管，为其融资奠定坚实的基础，突破各公司的障碍，实现资源的优化分配。

在经济发展、科技发展的今天，信息化技术在各行各业中得到了越来越多的运用。信息科技不但能加速资讯在公司间的传递，更能提升整合效能。尽管在经营分析中，企业财务会计与管理会计的具体内容不同，但其数据来源于公司的经营状况，而其数据的统计也可供经营会计人员进行分析。企业要建立一个统一的信息化管理系统，按照不同的财务资料类别，建立相应的分类目录，对经理和财务经理都具有登录的权利。此外，利用资料分析体系进行企业的财务资料管理与统计，不仅可以提高企业的经营与财务的整合，而且可以防止出现资料丢失、资料收集不足等问题，使企业的经营与财务工作实现智能化、信息化、规范化。

（五）与政府信息互联互通

多数企业引进互联网技术来构建自身内部互联网交流平台，而且，诸如支付系统、会计事务咨询业务等企业内部管理程序也多是依赖互联网平台进行实施和执行，这既能有效突破传统沟通方式的地域限制，也能给企业管理者的工作提供一定便利性，便于其高效地开展工作。随着我国经济的高速发展，各行业都取得了显著的进展，逐渐兴起更多先进的会计技术，使得会计工作的市场环境愈加激烈。因此，企业应深入挖掘互联网技术的应用价值，在原有互联网技术的基础上，不断学习和借鉴先进的技术，打破并革新传统的技术模式，促进企业整体竞争力的有效增强。此外，企业管理者还应结合企业发展规划，优化会计管理模式，不断完善和改进数据沟通机制，优化会计管理的整体效果，有效了解相关需求市场的变动信息，保证企业的运行环境。

（六）打破接受会计服务的地域界限

大部分企业都是采用网络技术建立自己的网络通讯平台，同时，诸如支付系统、会计咨询公司等的内部管理流程都是依靠网络进行的，这种网络不仅可以打破传统的网络通信模式，还可以给企业经营者的工作带来便利，有利于其更好地进行工作。在我国快速发展的同时，各个产业也都有了长足的进步，越来越多的先进的财务技术涌现出来，这也给会计工作带来了更加严峻的竞争。所以，在现有网络技术的基础上，要通过不断的学习和吸收国外的技术，打破和创新现有的网络技术和技术模型，提高公司的综合竞争能力。同时，要与公司发展战略相适应，对财务管理方式进行调整，并对信息交流制度进行持续的改善，通过对财务管理的全面影响，有效地掌握有关的市场变化情况，确保公司运作得良好。

（七）以管理会计为核心，实现财务会计与管理会计的目标融合

从目前企业经营和财务核算的状况来看，两者在经营中的作用是不同的，有些功能甚至是重叠的，这必然给企业今后的发展造成一定的障碍。因此，应由原有的以资产为主要关注对象的财务核算向以企业会计管理为核心

的管理会计发展，并要始终保持以管理会计为核心。首先，在整合财务会计和管理会计的过程中，企业不应局限于财务会计与管理会计在物质流层面上的融合，企业应利用管理会计灵活的管理手段，通过全面预算管理，计划制订，风险评估、预判、应对，通过决策的可行性分析和目标考核等多种手段增强企业经营能力，然后利用财务会计对现有财务及经营数据实施披露，以提高企业的良好声誉，从而实现企业经营利润的提高和价值的最大化。企业应摒弃固有的传统管理理念，努力实现会计与管理的相互依存、相互渗透，进而促进二者的融合。

（八）多角度强化融合方式，提高财务管理水平

管理会计作为一个延伸的财务会计，它的工作具有全局性的特点。要想加快实现财务会计和管理会计的融合，必须加强对企业经营管理的控制，以促进公司的财务经营。首先，要建立健全的财务管理体系，明确其功能范畴，并对其进行科学的配置，执行金融整合的高效方法。包括制度整合、部门整合、凭证整合、资料整合。第一，体制整合。在实施过程中，要把财务会计和管理会计结合起来，准确地分割两者的责任和职权，以防止交叉。整合各种资金，使企业的财务会计更好地起到引导的功能。第二，部门整合。将财务会计与管理会计中重要分析工作进行深度整合，以保证它们的职能能够充分地体现。第三，凭证整合。凭证是会计工作的数据来源，其准确性和真实性是会计核算工作的基础和保证，应当把各种原始单据进行整合，使会计核算与会计核算的凭证资料能够相互交流。第四，信息的融合。票据的收集是为了收集有关的财务资料，要把所有的会计资料都集中起来，并进行统一的汇总，以保证信息的一致性。

（九）规范信息披露标准，夯实审计责任

加强对公司内部控制的审核，规范公司的信息公开，使公司的财务公开更加透明，增强公司的信用。首先，要完善审计体系，规范审计岗位职责、审计标准和绩效考核。其次，要加强内部审计员的专业素质，保证审计机关对财务部进行精确的稽查；保证公司资料的精确和完整。加强对审计工作的认识，增强审计机关的权威，并赋予其相应的权力，及时汇总和上报。同时，要加强对内审的考核，把公司收入与内审员工的薪酬相结合，如果公司发生了严重的亏损，而内审员没有履行职责，则要受到惩罚。最后，要对上市公司的信息公开进行规范化，有效的审核能够促进公司的信息公开和增强公司的信用，这不仅可以加速公司的发展，而且可以促进公司财务和管理的一体化。

（十）数据融合，推动企业发展

在进行电脑系统的选用与使用时，必须从其对资料的处理与分析上加以考量。一般来说，一个数据来源是一个外在的和一个内在的。在这些资料来源中，银行、证券交易所等为主要的外部资料来源，而在企业的内部资料来源则以少数法人或集团为单位所组成。在选取资料来源时，既能提高资料的排序，又能让资料的甄别目标更为明确，从而建立健全的经营体系，使企业的经营效益得到最优化的提高。

传统的企业财务核算存在着大量的资料，难以对其进行实时的分析。缺乏较为完备的会计信息系统，会影响到企业的信息化工作。大部分的公司在制订经营体系时，都是参照财务报表中的资料，而财务核算则是依据已被证实的公司存在的资料进行剖析。因此，在此基础上进行的财务决策具有一定的滞后，很难适应企业财务数据的时效性。网络技术的出现和在企业的经营活动中得到了普遍的运用，方便了云计算中的数据储存，可以让管理者在

确保信息的安全性和可靠性的基础上，对总公司和子公司的财务信息进行高效的检索，为推进信息资源的分享与信息化打下坚实的基础。另外，通过网络技术，公司的财务工作也可以对公司在运营中遇到的各种风险进行及时监控，并加以防范，加强公司抵御风险的管理。总之，"互联网+"可以将企业从过去的死板的经营模式转变为灵活多变的经营方式，从而推动企业的健康稳定发展。

在财务会计与管理会计的整合发展过程中，将有大量的数据资料，例如财务报告、账务等，这些都是以企业发展的现实情况为基础进行的。通过对资料进行科学地甄别，运用资料的模式进行统计。但是，企业的财务会计与管理会计信息收集与运用有一些不同之处，而在企业的经营活动中，企业内部的会计信息也是企业经营活动的重要组成部分。必须注重资料分享。所以，要充分利用现代信息技术，注重建立现代化的公司资料库，将账务资讯与 ERP 等资讯整合起来，使财务人员能够快速地接触到资讯，突破时间的局限性，为财务工作带来更多的方便。可通过本系统，及时掌握工作状态，增进工作整合，增进信息共享。

（十一）报表融合，提高信息质量

财务报告反映了公司最终的财政成果和运营状况，各利益相关方的需要有差别。随着现代企业管理人员日益增多的非金融信息，为了适应公司内部资源、内部控制和关系资源等需要，许多与之相关的利益关系也逐步发展为公司的利益主体所关心。

随着信息时代的到来，我国的会计工作逐步走向信息一体化、网络一体化，"互联网+"的应用已经深入到各个行业，使人们的生产、生活方式发生了根本性的变革，而网络技术的出现，也使得会计核算中的内部和外部的界限被冲淡了。在获取信息时，只要将相应的条件录入，就可以根据自己的要求，对所要的报告类型进行最优的选择，从而达到各个行业的要求。

在网络环境下，要实现更好的持续发展，必须加强两者之间的整合。为此，有关单位要继续对财务会计和管理会计进行整合，并结合公司的发展和运作状况，逐步完善财务会计和管理会计体系，制订有针对性地管理会计与财务会计的整合方案，提高公司的经营效益。

第二节　工作融合：重塑企业会计工作流程

财务相关流程的线上化、标准化是财务数智化转型的必然选择。企业的财务流程优先从评价过程的状态出发，利用过程的数据挖掘技术对效率低下的过程进行辨识。然后，根据财务服务对象、财务服务场景、财务数据应用场景，梳理财务相关制度、流程和职责，并进行系统的剖析与优化。运用系统化的手段将整个财务业务流程进行整合，达到制度无死角，流程无断点，职责高协同的目的。

"互联网+"技术的正确运用，有利于在管理、财务、业务两个层次上进行有效的整合，为企业整合经营打下坚实的基础。会计与管理是相互制约、相辅相成的，二者的有机结合可以使企业的经营工作更加完美。而在经营过程中，要实现对公司的整体控制，必须建立基于大数据层次的过程融合机制。将两者的过程层次结合起来，可以将公司的经营业绩和发展战略计划联系起来，进而深入到公司的经营行为与费用预算之中，也就是利用财务核算对公司的生产结果和数据进行高效的反映；然后，对问题进行反馈，对问题进行及时整改，完善公司的治理体系。同时，通过网络技术，可以使管理者更好地理解公司经营业绩与公司经营策略之间的关系，进而在过程整合的基础上，建立起两级经营系统，以实现企业管理控制的全面化和一体化。

一、深化思想认知，树立正确的管理会计与财务会计融合理念

在新的形势下财务会计与管理会计的结合是不可避免的，因此，在理解两者的特征的同时，要对其未来的发展进行深入的研究。了解公司投资决策模式，了解资金流向。加强财务信息的精确度，增强财务人才的整体素质。要使管理和财务结合，就需要进一步加强认识，从而建立起正确的整合发展观念，建立坚实而深刻的认知基础。企业财务会计与管理会计有着密不可分的联系，而在实际工作中又有一些微妙的差别。财务会计是一种专门的财务工作，它注重控制公司的财务状况，通过各种财务数据来全面地反映公司的财务运作。在新的形势下，企业财务会计与经营的一体化发展，需要管理者把财务经营和财务风险结合在一起，在对财务信息进行收集整理的同时，通过对各种资料的统计和整理，了解公司的财务运作，当财务中有高风险性的时候，要将其分析报告提交到公司的管理部门，并做出最后的决定。

公司的发展离不开外部的市场，对于一个公司来说，外部的发展条件发生了改变，企业要提高企业的核心竞争力，就需要创新发展思路和策略，确立新的核算观念，加强对公司财务管理工作的影响。目前，我国的企业普遍存在着对整合发展认识的不够，经营功能比较模糊，这在一定程度上制约了财务会计与管理会计的整合发展。所以，在我国的发展和变革中，必须根据当前的发展状况，把两者有机地结合起来，形成一个合理的发展思路，在深化理解的基础上，明确其发展的目的，这样才能保证公司的正常经营，全面提高财务人员的素质，充分利用财务报表的价值与作用，对公司的长期发展起到重要的保证作用。特别是在发展过程中，可以设立专门的会计管理组织，注重对员工的专业技术训练，保证其具有一定的财务专业知识，加强对管理、金融等方面的认识，并大力引入高素质的发展型管理人员，实行多元化的财会内部培训，注重建立和健全公司管理的人才体系，提高会计从业能

力，充分利用各行业、各岗位的协同效应，为公司发展提供一定的人才资源支持。

二、不断提高会计人员的综合素质

要想全面提升会计人才的整体质量，必须从以下几个方面着手。第一，要明确财务会计与管理会计相结合的重要性。第二，要特别注重会计人员的培训。在培训中引入会计员，使其能够熟练地学习新的会计理论，逐步提升自身的业务水平和工作效能。要实现这一目的，可以通过与大学的协作，将优秀的毕业生送往公司进行实践，使其在实践中逐步累积工作的经历，加强对会计专业的理论应用，以吸引更多的人才进入公司。

在信息化的今天，传统的会计已不适应现代经济发展的需要，而现代的财务会计和管理会计的结合对会计人才的专业素质提出了更高的要求。同时，财务会计也是为了增加公司的经济利益，为公司提供有用的信息，企业和管理的结合不仅需要提高认识，而且要改变观念。在此基础上，将二者有机地结合起来，使财务管理工作的成效得以落实，促进公司的良性发展。

首先，在注重财务工作执行过程中，要检讨目前的会计工作缺陷，建立工作整合与协作的思想，加深对企业经营会计知识的理解，掌握企业经营的异同点，并以此作为指导思想的转换。

其次，在新的环境下，企业必须加大对财务会计和管理会计的学习力度，以保证二者的相互结合。比如，成立一个研究组，制订一个整合财务和管理的计划，实现"头脑风暴"。

最后，要坚持以人为中心的经营理念，从根本上着眼于公司的经济效益，并清楚地认识到各个单位对财务的需求，在这个层次上，财务人员可以充分发挥自己的服务和管理能力，为多部门提供和传递财务信息，从而有效地利用财务信息。

三、要求加强对数据的运用

网络技术的发展使各种信息互相交融，使人们能够获得更多的信息，从而使财务信息的类型和数目不断增多。财务会计和管理会计的整合，使公司不再仅仅停留在以往的财务报告中，而是要利用大数据提升会计量的同时，利用计算机技术进行数据的实时传输。随着企业财务会计与管理会计的融合，企业的会计信息具有较强的时间效用，企业内部的各种信息都可以得到充分的利用，从而使企业的决策更加科学。而且会计的信息也更加透明，各种信息可以在市场上进行交流，监管机构可以利用大数据对公司进行监控，同时也可以让公司清楚自己在这个领域的位置，提高自己的信息的可比度，为企业有关部门的工作提供更为准确、高效的资料，降低以往手工统计的主观因素，使得各种资料更为客观，节约人力物力。

第三节　管理融合：健全企业财务管理制度

一、完善财务管理中的会计制度

企业财务会计与管理会计的有机融合，是我国企业会计管理工作中的重大突破。因此，企业经营者应进一步认识到财务会计与管理会计在企业决策中的重大作用，并通过对其进行改进，进一步明确其管理责任和权限。在公司的财政工作中，建立健全财务管理系统，对推进企业的财务核算和管理核算工作具有指导意义。要进一步深化我国的产业结构改革、财税体制改革等，从企业发展的大的目标出发，把财务会计与管理会计结合起来，作为公司改革和发展的一个关键环节。加强风险控制，加强基础管理，加强组织保障，从精准核算、全面监管等角度，厘清整合财务会计和管理会计的具体目标和路径、实施方案，推进机制、职责分工、监管制度等，设立相应的独立的机构来推进公司的财政体制的变革。通过对二者结合等问题的分析，引导公司建立健全管理制度，建设好大的财政系统和执行机制，促进公司的财务会计与管理会计的整合。

二、贯穿于财务管理的整个阶段

在现实的企业财务管理中，由于财务会计和管理会计的管理目标是统一的，核算内涵也是一致的，两者之间的核算内容具有一定的交互性，所以可以从事前、事中、事后三个方面来进行整合，从而使企业的经营管理更加高效。

首先，事前要做好预测的准备。由于财务会计和管理会计所涉及的基本资料都是从会计凭证中得到体现的，所以可以把它当作是财务会计和管理会计学相结合的重要载体。目前，我国的会计凭证多以现金为主，仅有借贷方记录，难以适应现代财务会计与管理会计相结合的需要，必须对其记录方式进行变革。例如在原有的会计账户上添加统计信息代码，可以防止重复性的审核。另外，可以增加备用信息栏，用以记载非货币信息资料，改善财务资料，增加财务工作的效能。

其次，事中的决策。由于财务会计的报表时间、信息载体均体现规范性、连续性、系统性的特点，因此可以说财务会计的分类账、总账、会计报表等都是由模式操作的产物。而企业的经营核算，则是对企业内部的信息进行分析、筛选，从而产生与之对应的报表。这样既能提高财务会计和管理会计的工作效率，又能使两者有机地结合起来。

在此基础上进行分析。虽然在事前预测和事中决策阶段，可以将财务会计与管理会计有机地结合起来，但两者之间不能机械地相加，必须通过理性的事后剖析来实现两者的真正融合。不管是财务，还是经营，其工作的范围已不仅仅限于记录当前、预测发展，而且要强化事后的分析，对每一个阶段的基本资料进行汇总，对经营收益的增减进行分析；并对其原因进行归纳和剖析。两者的研究重心虽有差异，但其终极目标依然是以经营为中心，可以说是大同小异。

三、构建组织责任中心

基于职责核心的财务核算，加强财务管理的科学化和效率化。要实现对财务职责的再认识，就必须加强对公司权力的整合。在传统的会计制度下，由于历史数据来源、绩效考核的基础等问题都会对会计工作造成一定的冲击，而设立财务审计责任中心则是实现财务会计与管理会计融合的桥梁，财务会计信息可以由职责中心的处理转换为管理会计信息，有效解决了传统会计管理系统中的一系列问题。由于财务责任中心是由利润中心、投资中心和成本中心组成，各部分都与会计体系相关，因而需要对 ERP 的背景进行改进，将其转化为经营会计数据。

四、构建完善的会计融合制度

当前，有关部门需要研究有关财务、管理、制度等方面的政策，并根据区域的社会、经济、政治条件，综合考虑到公司的发展战略和发展方向，提出一套整合的制度。在"互联网＋"时代和新的环境下，实行相对完善的工作责任制，以帮助有关部门更好地履行自己的责任和义务。掌握企业财务会计与管理会计相结合的关键点，从顶层设计着手，对各个工作环节的工作进行分解，使之真正实现。同时，还要充分认识到在财务会计与管理会计的整合过程中，综合考虑各种影响和约束的因素，指出会计整合的针对性、指导性和前瞻性。对各个部门进行定性、定量、精细化、系统化。另外，要进一步健全现行的绩效考评机制，把财务会计与管理会计融合的相关工作也列入考评范畴，建立相应的考评规则，及时监控系统的实施。目前的奖惩体系还有待进一步改进，按照责任目标、工作标准、工作要求等方面的要求，建立相应的奖惩机制，并按有关人员的工作业绩进行考核，以保证所有的政策和体系能够正常的执行。

随着"互联网 +"时代的到来，有关部门必须从一个崭新的角度来看待公司的发展需求和决策计划，并制订出一套科学的工作计划。另外，利用"互联网 +"技术，可以更好地掌握有关人才的素质和技能，并进行有目的地训练。从而可以更好地把握好我国企业会计信息系统整合过程中出现的问题与冲突，从而为企业的发展提供一个更加有效的途径。同时，要在现有的基础上引入新的会计核算方式，运用信息技术提高企业的工作效率和工作的品质。强化会计与管理学的结合，使企业的财务会计与管理会计能够协调发展，并从法制化、先导性、法治化等方面逐步地保证财务会计与管理会计的整合能够有章可循、有法可依。

五、促进业财融合

企业可以利用业财结合来提高经营效益，突破以往的财务和经营分开的状况，使一定数量的财务人员主动投身于经营活动，从而推动经营会计观念向各个行业的全面深入；有效地进行商业和金融的交流。企业的财会工作应掌握公司的经营情况，积极与其进行交流，使其对公司的财务工作有一个全面的认识。同时，在会计工作中，会计也要从商业的视角来考虑问题，及时地找到各种问题，为企业的工作做好准备。在目前的形势下，会计工作者不仅要对公司的会计信息进行会计处理，还要考虑怎样才能使公司的经营方式发生转变，从而增加公司的整体效益。所以，企业的财务管理人员要积极地参与到公司的运作之中，对资本的运用和市场的变动情况进行监控，为公司进行专业的财务分析，并为公司的业务决策提供依据。这将有助于我国的会计制度转变。

六、加强安全建设

随着财务会计与管理会计的有机融合，越来越多的会计信息被纳入到了会计和管理学的整合之中，而在这一背景下，财务会计与管理学的整合必然需要加强信息的安全性，强化传输期间的检测和监控，增强对传输节点的防护，并完善网络平台的安全性，构建安全的信息系统。

企业对会计信息化建设网络安全管理工作的重视程度与企业会计信息网络安全管理工作开展的质量有紧密联系的，也就是说，如果企业不重视，那么会计信息化建设网络安全管理工作就很难开展下去，更别说做好了。但是有些企业在这方面所投入的精力的确不够，首先是企业管理者只重视企业会计信息系统实用性的提高，忽略了网络信息安全管理，这也从侧面反映出一些企业管理者在网络信息管理方面存在的知识缺陷。其次就是侥幸心理的存在，这种"上市企业成千上万，即使不做网络安全管理工作，企业会计信息泄露的情况出现在企业中的概率也很小，应该不会碰上"。之类的观点是极其不正确的，会计信息属于企业机密，包括了企业资金流动情况等重要资料，是企业必须要给予重点保护的信息资料。缺乏对企业会计信息化建设网络安全管理工作的重视还意味着相关管理制度的不完善，不完善的管理制度会极大地增加会计信息泄露的风险。

企业对一项工作的重视程度决定了这项工作的开展力度以及最后的开展成果，所以企业想要做好会计信息化建设网络安全管理工作的话，首先第一点就是要重视。实现企业会计信息化是时代发展的要求，实现企业会计信息化就是要将会计与网络紧密结合起来。在这个过程中，网络信息安全问题是企业必然会遭遇的，并且还会随着网络信息技术的发展而不断地发生变化，想要一次性解决网络信息安全问题是不可能的，企业需要做好长期抗争的准备。企业管理者要对这个问题有正确的理解，并针对该问题做出合理的应对与预防措施。比如加强员工在计算机方面的技能培养、制定企业网络会计信息管理制度，并不断地根据企业所遇到的实际问题对企业会计网络信息管理制度进行调整和完善，购买或研发比较完善的网络信息安全防护软件，构建完善的网络信息安全防护系统，等等，最大程度上减少企业网络会计信息泄露的可能性。

基于网络平安的计算机操作规程，是确保财务电脑平安的前提与保障。因此，细化并严格执行操作规程尤为重要。所以企业相关人员应不随意浏览不平安网页，不下载免费安装软件，拒看来历不明的链接网页或文件，陌生人发来的电子邮件，最好立即删除；对企业会计专用软件，账务科（处）长应按照业务分工，对每人的账套使用权限予以明确，以防止会计数据外泄；无论财务室有几台电脑，本室财务人员只拥有本机操作权，无权动用其他电脑，外室人员更不能随意动用财务室电脑；人机别离前，应先退出会计软件，以防被他人偷窥系统数据。

七、加强团队建设

在大数据环境下，要把财务会计和管理会计结合起来，就要强化对财务人才的培训。在大数据的背景下，财务管理人才的素质也越来越高，因此，必须重视对财务人才的培养，并对其进行经常性的组织训练，提高会计人才的综合素质与分析的水平；通过大量的数据，可以有效地利用各种不同的信息，提升公司的财务信息，同时注意其他公司的信息，进行比较和分析，从而增强公司的综合竞争能力，实现财务会计与管理会计的有机结合。同时，要大力发展各种网络技术和网络安全知识，增强财会员工的网络安全知识，增强企业内部的网络安全知识，促进企业员工实现经营会计的转变。为了实现公司长远发展，企业急需大量的高素质人才。

近年来，随着全球经济的融合，企业的成本边际效应越来越明显，因此，企业要深入挖掘其潜力，要根据本企业目前的发展状况，把财务会计与管理会计结合起来，加强各种资源的最优分配，这有助于企业的发展和壮大。

八、构建融合制度体系

在新的环境下，必须把企业和管理结合起来，建立统一的财务会计和管理会计体系，从而保证会计工作的规范化，提高企业的财务工作质量。结合我国企业财务和管理型的整合现状，建立统一的会计核算和管理型核算体系，以增强系统建设的有效性。比如，要在实际操作中建立起一套系统，并及时地找到问题进行系统的修正。其次，按照我国现行的会计工作信息化建设的方式，对我国现行的会计核算和管理核算体系进行改进，提高我国会计工作实际应用能力。在建立企业内部控制和内部控制系统时，引入激励因素，以调动职工的工作热情，这样才能更好地实现企业内部财务和管理的有机结合。

新时期的企业财务会计和管理会计的整合，是基于二者之间的内在联系，以整合视野中的财务和管理学为基础，推动二者的相互结合，通过改变财务工作方式和观念，提高公司的财务管理水平，以提高公司的财务效率，促进公司的全面发展。所以，在新情况下，如何构建新的会计核算体系，对推动我国的财务会计和管理会计的整合具有重要意义。

九、完善立法体系，加强创新实践

一方面，政府应在法律上继续健全有关制度，制定相应的法律法规，以引导公司和其他机构在整合财务会计与管理会计上提供更多的政策依据。另一方面，要积极探索，深入实践，在理念、模式、方法等方面建立符合其特色的制度，提高其深层次的执行效果。对传统的财务管理方式进行分析和研究，发现问题剖析其成因，并以此作为借鉴其他机构整合探索的成功之处；通过对企业财务与企业经营的具体内容、相关要求、具体的执行途径等进行分类和剖析，以期找到二者的共性与区别，从而制定全面的财政管理体制的推进计划。要密切联系战略发展目标和业务重点，厘清合并后的财务会计与管理会计的具体职能、推进模式，并根据实际运作状况，不断地调整合并的方式与思想，以确保二者的融合为公司发展的正向、积极的支撑。

总之，在当前的新的市场环境下，要提高整合的效率，必须明确整合目标、整合方向、整合机制和改革工作方式，以确保整合的效果。要实现财务会计与管理会计长期的发展，必须把两者结合起来，以实现更大的效益。要根据现实的条件和目前的经营状况，采取行之有效的对策，使二者有机地融为一体。

十、重视预算控制，充分发挥融合发展模式的风险管控功能

预算控制既是一个重要的组织过程，又是一个十分重要的财务管理过程，二者相辅相成，为企业的经营和财务核算提供了一条新的途径，使其更好地融入预算控制之中。企业经营会计的主要目的在于了解公司的总体经营状况，通过预算控制和风险控制等方法来控制公司的经营风险。而企业的财务核算，就是要以公司的利益为目的，对费用与预算进行适当的管理，从而达到利益的最大化。所以，在实施过程中，必须加强对预算的控制，并使两

者结合起来，实现对风险的有效控制。例如，在预算管理中，可以通过财务核算依据公司发展策略来制订计划，这就需要财务核算人员把过去的"节约开支"观念转变为"成本—收益"观念，使其更具科学性。然后，通过基于公司的经营情况，对预算进行全面的剖析，即将规划和真实的数据进行对比和修改，既能使两者相结合，又能促进两者的相互结合；同时，公司抵御风险的能力也得到了有效的提升。

预算是决定公司发展方向的关键因素，也是财务管理工作的一个关键环节。预算要与企业发展战略、预算动态、企业奖惩机制相统一，不仅要做预算，还要做到真实的规划与现实的对比和回馈；在预算内要不断地注意到企业的实际运营发展结果，并按照特定的汇总体系将综合预算中的各项指标与预算进行比较；由此可以知道项目与现实项目的差距，能适时地注意到这一点，并对产生的影响进行分析，进而对其进行评价；对随后的实践行为进行及时的修改；对预算指标进行评价和剖析，并通过建立激励机制来引导全体职工为达到预算指标而奋斗，逐步向公司的资金流动及资产管理观念过渡。

十一、重视会计制度体系的完善

目前企业财务会计系统及核算体系的精细程度相对较低，与管理会计、企业规划发展的需求还有很大的距离，由于缺乏统一的会计规范，财务会计与管理会计是互相分离的，无论是在内容方面还是在形式上，都没有真正的衔接与发展。为此，应对其进行相应的调整与优化，以实现对其进行整合。具体来说，应从企业发展的现实出发，对企业的整体发展方向、企业的发展战略等进行全面的理解。做好对财务的监管，使会计制度切实落实，而不是走过场，要有相应的监管制度，加强对会计系统的有效监管，既要充分利用其智能化，又要为企业的经营决策和管理制度提供充分、精确的资讯，防止把财务会计与管理会计的工作搞混，同时，要对各个职能进行界定，以保证各个单位在两者的整合发展中能够互相协作，充分履行各自的职能，避免发生诸如推卸责任之类的问题。

第六章　大数据时代企业会计人才队伍建设创新策略

企业会计人才队伍建设创新是大数据时代企业会计创新的第四个方向。

人才在企业发展中起到至关重要的作用，每家企业都希望拥有技术高、创新能力强的人才。因为人才可以为企业创造源源不断的价值，尤其是创新型人才对于企业而言更是可遇而不可求的。为了使得企业在激烈的市场竞争中立于不败之地，优质的人才对企业来说，一方面可以为企业节约成本，提高企业地位，另一方面可以为企业创造更大的经济效益。除此之外，企业在吸纳了大量优秀人才之后，还需要开展人才队伍的建设工作，这样便于整个企业人才整体水平的不断提高。对于一家企业而言，其经济命脉往往取决于这家企业的会计部门，由此可见，一家企业若想实现可持续性的长远发展，必须要加强会计人才队伍的建设，这关乎着企业未来的发展。在大数据时代，如何加强企业会计人才的队伍建设，对企业来说，是一个至关重要的问题。企业会计的人才队伍建设首先从制定人才队伍建设的目标与原则出发，接着对怎么选拔出优秀的人才和怎样对相应人员进行培养进行阐述，最后讲述了大数据时代企业会计人才的创新制度和激励政策。

第一节　大数据时代企业会计人才队伍建设目标与原则

一、企业会计人才队伍建设目标

会计人才培养的重要目标就是争取会计人才的最大使用价值，发挥其最大的主观能动性，培养全面发展的会计从业人员。会计人才队伍建设的目标包括以下几个方面，如图 6-1 所示。

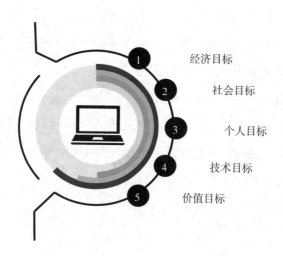

1 经济目标
2 社会目标
3 个人目标
4 技术目标
5 价值目标

图 6-1　会计人才队伍建设的目标

（一）经济目标

使会计人才与公司经营活动经常保持最佳比例和有机结合，使人和物都充分发挥出最佳效应。

（二）社会目标

培养高素质人才，促进经济增长，提高社会生产力，以保证国家、民族、区域、组织的兴旺发达。

（三）个人目标

通过对职业生涯设计、个人潜能开发、技能存量和知识存量的提高，使会计人才适应社会、融入组织、创造价值、奉献社会。

（四）技术目标

不断完善和充分使用素质测评、工作职务分析等技术手段和方法，并以此作为强化和提高会计人才培养工作的前提和基础。

（五）价值目标

通过合理地开发与管理，实现会计人才的精干和高效。利用更少的资源，在更短时间内创造出更多的社会财富。会计人才的使用价值达到最大等于会计人才的有效技能最大地发挥。

二、企业会计人才队伍建设原则

建立和完善企业会计人才的培养机制，通过制定有效的人才培养和开发计划，合理地挖掘、开发、培养公司战略后备人才队伍，建立企业会计人才团队，为公司的可持续发展提供智力资本的支持。坚持"内部培养为主，外部培养为辅"的培养原则，并采取"滚动进出"的方式进行循环培养。企业对会计人才进行培养应当遵循系统化原则、制度化原则、主动化原则、多样化原则和效益性原则，如图 6-2 所示。

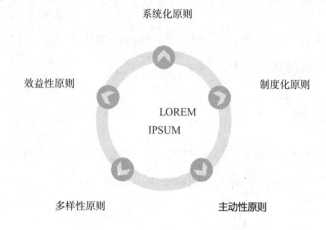

图 6-2　企业会计人才队伍建设原则

（一）系统化原则

人才培养不是简单的一次性工程，而是一个具有全员性、全周期性和循环性的、贯穿员工职业生涯始终的系统工程。

（二）制度化原则

建立和完善培训管理制度，把培训工作例行化、制度化，保证培训工作的贯彻落实。制度是保障方案得到有效执行的重要手段，将会计人才培养工作制度化、规范化，确保培训目标的实现。

（三）主动性原则

强调员工参与和互动，发挥员工的积极性与主动性。

（四）多样性原则

开展员工培训工作要充分考虑受训对象的层次、类型，考虑培训内容和形式的多样性。

（五）效益性原则

员工培训是人、财、物投入的过程，是价值增值的过程，培训应该有产出和回报，应该有助于提升公司的整体绩效。

第二节 大数据时代企业会计人才的选拔与培养

大数据时代企业会计人才选拔与人才培养对企业的作用至关重要，只有选拔出优秀的人才，才能推动企业的发展与壮大。而人才的培养是让专业知识和业务能力更上一层楼。

一、企业会计人才选拔

对于企业人才选拔工作来说，这本身与企业管理方面的内容息息相关，与此同时也与企业正在面临的深层次改革不无关联，这关乎着未来企业发展目标的实现与否。故此，我们应当高度关注与企业生存发展密切相关的战略性工作，基于对现有人才情况的了解，不断完善人才的选拔流程，在这个过程中，促使人才培养与选拔各项制度的针对性与实效性得以不断提高，为人才创造更加宽松的环境，这是目前企业在人才队伍建设方面亟待解决的问题。此外，企业人才选拔的工作内容，还包括对人才培养进度计划的实施，以及对其阶段性的工作表现及时给予评价与反馈，以上充分体现出人才队伍建设在企业发展中的重要作用。

（一）完善会计人才引进和培养机制

要大力鼓励会计人员发展职称，通过职称评审可以促使会计人员自主进行自我再教育，激励会计人员晋升职称，提高财会人员的社会声望。同时，也要提高会计人员的工资，改善他们的生存品质，激发他们的工作热情，营造一个很好的学习环境。

推动正高级会计人才的培养。在国家设立正高级会计职称后，企业培养正高级会计人才不仅是国家战略发展需要，同时也是企业自身长足发展的必需，鼓励会计人才申报正高级职称，为员工工作和进修提供便利，并使公司的财务人员结构更加健全。

聘请资深会计人员。引进具有学历、资历、技能的资深会计师，这样的人才与普通的会计人员相比，语言、计算机技术、财务知识等各方面均具有优越性，因此，要大力引进和培育高层次的会计人员，对提高整个会计人员的素质具有重要意义。高级会计必须通过国家统一组织的《高级会计师实务》资格考核，通过资格审查后，由本人提出申请，单位进行推荐。由财政部门组织专家小组进行评估和评定，并提交审核报告，报省、自治区、直辖市财政部门会计专业高级职务评审委员会评审通过，省级人社部门备案批准。突显了高级会计的全面综合素质，必将对企业的发展起到正面作用。

引入年轻的人才。年轻的人才是企业发展未来的接班人，若没有新人的引入与培育，企业的财务工作就很难有创意、有朝气，一切都是陈旧的，不适合企业在不断改变的业务情况下，接纳新的东西，并能在新的市场中进行调整。公司聘用了一大批具有较高综合素质、较好专业技术的人员，采用"一对一"的形式进行培训，以提升新入职人员的管理水平，同时也可以分担公司财务人员的工作负担，让资深的财务人员集中精力在自己的业务上。充满朝气的企业，必将为整体的财务环境增加生机与创造力，并使企业更具竞争力。

（二）重视人才、留住人才

公司应加强对财务人员的运用，增强其对公司的责任感和归属感，增强对公司的归属感就是：

（1）制订健全的工作职责和能力标准，建立科学的人才评价和绩效考评制度，拓宽会计人才评价途径。考评与考核在人才使用与选拔方面具有无法取代的重要作用，因此要求负责人才选拔的组长切实负起责任，对人才做出公正、合理的评价，其评价内容主要包括人员相关技术业务水平、思想道德素质以及组织管理能力等。并且在这个过程中，要采用定性分析与定量分析相结合的方法。其中考核评定的内容涉及德、智、能三个方面，其中对人才作风素质、政治素质以及品德素质进行考核，确认人才是否具备一定的责任心、事业心与进取心，在遵纪守法与工作作风方面能够符合相应要求，这些都属于"德"的考评内容；而对人才是否能够胜任岗位工作，是否具有判断能力、思维能力、分析能力以及观察能力等，均属于"智"的考评内容；而对人才能力与专业知识的考核，则是对"能"的考评内容，其中考核内容的根本便是岗位业务，具体的组织技能应当包括计划管理能力与人员指挥协调能力等方面。

目前企业人才培养与选拔的重点应当集中表现在对人才素质、能力以及知识的全方位多层次培养方面，企业应当高度重视人才管理工作，并将其视为一项战略性计划来执行，在人力、物力、财力方面给予大力支持，以便该项工作顺利开展。培训作为企业人才培养的重要形式之一，在企业人才队伍建设中起到无可取代的重要作用。因此，企业在人才培训方面，应当制定完善的培训实施方案，使得企业内部不同部门、不同岗位的工作人员均有所提高，有所收获，在培训过程中将企业的文化理念渗透到每一位员工心中，将员工职业生涯规划与企业的发展战略紧密结合。与此同时，在对员工进行培训的过程中，注重团队资源运作以及团队领导的协调，通过培训使得人才能力得以提高，通过借鉴国内外优秀的团队建设经验，使得本企业人才培养基地建设得以不断完善，从某种角度来说，对于复合型、高层次人才的培养具有极为深远的影响。除此之外，企业在人才培养进度方面应当给予足够重视，人才发展与岗位需求的彼此融合是企业人才选拔与培养成功的重要体现，仅有企业宏观的发展目标、方向与具体的实施手段还不够，企业应当将目光更多的聚焦在人才能否在培养计划中得到成长与发展，是否可以在合适的岗位上实现自身价值上。由此可见，在具体的人才选拔与培养工作结束后，还应当对培养进度进行适度的考量，结合人才培养计划的实施情况随时进行调整，确保人才培养目标的实现，从而促使人才培养的持久竞争力得以不断提升。

（2）建立人岗相适、用人当其时、人尽其用的制度。员工需求与工作岗位提供的福利与薪酬相匹配，员工的价值观与岗位和企业的文化愿景相匹配，或者员工个人的能力与知识应当与岗位要求等相匹配，我们将其称之为人岗匹配。它是人力资源优化配置的基础，企业内部各资源的合理利用与整体配置效益受到人岗匹配程度的制约，将最好的资源用在最重要的位置上才能真正做到人尽其才、物尽其用，使其效用发挥至最大化，同样也促使员工的价值与才能在各自的工作岗位上得以充分发挥。

会计人员在企业中发挥着至关重要的作用，担负着一定的公司责任。我们说，不同的个体其自身知识结构、能力与素质均有所区别，如何通过沟通交流了解每位员工的真实想法，明白他们的兴趣所在，从而尽量将个人兴趣与工作相结合，安排其到真正适合员工的工作岗位上，促使其最大程度地发挥自身价值与潜能，胜过于单纯的物质激励法。这样做一方面可以激发出员工的工作积极性与主动性，另一方面可以促使员工为企业创造更多的经济效益，从而实现企业总体发展目标。通过合理的人岗匹配可以增强企业与员工之间黏性，使得双方均能得到持续性发展。但是在企业人力资源管理方面仍然存在一些难以解决的问题，人力资源效能的最大化难以实现，只有切实制定出一套与会计人员岗位相匹配的人岗匹配机制，才能最大限度地激发出员工的工作热情与创造性。

企业在一定的周期内应当不间断地进行员工的职业素质测评，通过测评可以有效识别潜力员工，通常来说，职业素质内容包括职业兴趣、职业能力、职业个性等方面，这是员工适应职业的一种综合能力体现，识别难度大、重要程度高的职业素质对于员工的影响尤为关键，具体包括成就动机、个性特征、工作态度等内容，这些需要根据每项职业素质的特点进行较为全面的职业测评，从而实现员工潜力的不断挖掘。分析不同测评工具的特点，科学地选择适用于不同员工特点的测评工具，具体包括无领导小组、情境模拟、结构化面谈、MBTI 心理测验等。通过这些测评，使得企业明白每一位员工真正适合的岗位类型。结合电网企业的实际情况，依据不同部门的工作特性，设计出针对性强的测评题库与方案，促使测评工作更加贴近实际，更具实效性。通过情境化的测评方式，使得员工的内在潜力得到客观公正的评价。通过专业测评师对员工的测评结果进行分析与汇总，最终编制出以雷达图形式呈现出的个体职业素质测评报告，使得员工对自身的优缺点以及个性特征能够有个清晰的认知，并基于此，为员工量身定制出科学的个人发展建议，为接下来的人员培养与配置提供支持。

开展人岗匹配评价，依据冰山理论，构建人岗匹配模型，通过员工的显性能力与隐性能力综合评价员工的整体能力水平，其中，员工的业务技能 Y、基础知识 T、专业背景 M 等属于员工的显性能力，而员工的企业人岗匹

配度 $Q=(M+T+Y) \times (L+Z+G)$，员工关系 G、职业素养 Z、逻辑思想 L 属于员工的隐性能力，结合不同岗位对员工能力素质要求的差异，各要素在不同岗位中发挥的效用大小也会有所不同，通过一定的计算方法，得出数据化的人岗匹配评估结果。横向对比每位员工在不同能力测评中的得分，形成能力素质的综合排名，通过员工岗位胜任标准得分以及能力素质评价得分，最终得出工作人员与岗位的匹配程度，最终实现纵向对比，为人员培养与配置提供重要参考。

量化人岗匹配结果。根据各岗位的特点，确定符合不同岗位的胜任要素，建立相应的要素库，对人岗匹配评价等级的行为描述进行细化，从而得出人岗匹配评价结论。通过计算不同单位的平均人岗匹配度，可以从整体角度出发，了解企业人力资源配置效率与企业人岗匹配总体偏差情况。从专业类别、职位等级、素质维度、岗位类别的不同角度进行更加细致的分析，从分布规律中发现人岗匹配的短板，以便采取更具针对性的应对措施。基于总体分析，进一步以个人、专业与单位为对象，对不同的胜任要素进行单一要素分析，并为每一名员工绘制出针对性较强的人岗匹配雷达效果图，使得员工在某些方面的缺陷与优势更加清晰地展现出来，其一是为具有针对性的提升、提拔决策、人事筛选、优化职业生涯规划提供支撑。其二是为具有针对性的人岗匹配提升提供依据。

从人岗匹配的评价结果角度展开分析，将匹配结果分为调整型、适应型、高配型三种类型。所谓调整型主要是指员工能力低于本岗位要求的胜任标准，人岗匹配度相对较低；所谓适应型是指员工的整体能力素质可以满足本岗位的胜任标准，人岗匹配度适中；所谓高配型主要是指员工的能力素质远远高于本岗位对员工的胜任标准，人岗匹配度相对较高。

对于高配型员工，应当最大限度地运用好优质资源，使其发挥出一定的"鲶鱼效应"，将其他资源在优质资源的带动下，使其效用得到最大化的发挥。企业在面对高配型员工时，需要多角度展开分析与考虑，其一是要在专家人才评选以及岗位晋升方面，优先给予充分考虑，为其发展提供更为广阔的发展平台与空间；其二是要在薪酬激励与绩效考核上对这些员工做到有所倾斜，从而将这些员工的巨大潜力挖掘出来，真正实现"人尽其才、物尽其用"。对于适应型员工，其一要针对员工的薄弱项给予适当的强化培训，帮助员工实现由合格到卓越的蜕变；其二通过岗位交流锻炼的方式，将员工培养成为企业发展需要的"多面手"。对于调整型员工，其一是针对员工的短板要素制定出针对性较强的岗位培训计划，使其能力可以与适岗能力相匹配；其二是坚持"整体最优"原则，从员工职业发展意愿与个人能力特征出发，将其调配到更加适合的工作岗位上，发挥巨大的工作效能，最终实现人岗匹配。

完善选人机制，在相对成熟的招聘流程基础上，增加与人岗匹配度相关的评价分析，通过单一要素分析与总体分析，解决人才选拔机制方面的各种问题，其一是根据人岗匹配要素分析，选拔具有适合岗位特质与动机的胜任者上岗，以免出现人岗长期不匹配与适岗周期过长的情况。其二是对人力资源部门上报的关于人员招聘需求的情况进行可行性调查研究，以免出现因盲目扩充人才队伍带来的各种问题。完善育人机制，在构建新入职高校毕业生跟踪培养以及"分级分类"培训架构的过程中，通过人岗匹配度评价模型，全方位地了解个体与总体能力倾向与人岗匹配程度，结合员工的实际情况，在不同群体、不同层次的培训中找准侧重点，在重点专题、重点项目、重点课程的开发中找到着力点，从而使得培训资源的利用率得以不断提高。建立转岗培训机制，确定员工是否需要转岗培训的重要依据便是人岗匹配度评价结果，它也可以作为员工转岗培训方式与内容的重要参考，在新岗位的考核中，再次借助人岗匹配度评价检验其培训的实际效果。

完善用人机制，在管理方面充分发挥"鲶鱼效应"，基于人岗匹配评价建立岗位交流换岗机制，促使企业内部的人力资源得以充分流动，为人岗匹配升级提供充足条件。通过优秀员工轮岗制度的执行，促使更多优秀员工发展成为企业"一专多能"的人才，以应对瞬息万变的市场环境以及不断变革的企业内部环境，促使企业能够快速地实现全新的人岗匹配；根据人岗匹配度评价体系，建立岗位竞争机制，以及人员调配机制，使得人力资源结构实现科学且合理的调整。

完善培养机制，建立适应员工实际需求与企业发展需要的培养计划，并结合人岗匹配情况对培养计划进行进度跟踪，适时做出相应调整，促使人才培养机制得以进一步优化，并与企业、员工发展相适应。从多角度、多方位对单位内外的员工培养的做法与成效进行评价与总结，具体包括员工实践业绩、岗位要求以及能力现状等，通过内部找差、外部对比的方式，发现员工培养过程中存在的各类问题，并制定出相应的调整措施，从而促使人才培养工作得以不断提升，培训管理的具体流程得到不断完善。

建立职业生涯规划指导机制，结合人岗匹配评价分析，其一提高员工自我认知与自我管理能力，从个人实际情况出发，找到真正与自身当前能力相匹配的岗位，或者在现有岗位尽快补足自身的短板，在明确企业发展战略目标的前提下，制定个人的职业生涯发展规划，从而实现企业与员工的共赢。其二针对不同层级的员工，制定与之相匹配的职业生涯发展规划，使得企业内部的每一位员工都能实现自我价值，从而形成具有企业特色的"以人才培养人才、以人才带动人才"的人才培养机制。

（3）营造公平、公正的竞争氛围，强化多层次的会计专业技术训练，促进会计专业人员的科学、合理利用。

第一，加强指导，强化招聘前监督。为确保招聘工作规范有序进行，督促企业成立招聘工作领导小组，指导协助组织人事部门制定招聘方案，要求严格按照报名、审查、笔试、面试、体检、政审、复审、公示等程序开展招聘工作，及时发布招聘公告，公开投诉举报电话。

第二，主动参与，突出考中监督。选派纪检专业人员全程参与考务监督工作，明确各流程无缝对接规定，做到人员到位、措施到位、防控到位、责任到位，确保笔试、面试工作"零失误、零差错"。

第三，明确责任，做好考后监督。对阅卷评分、成绩汇总、名次排序、录入登记、发布公示等后续考务工作进行跟踪监督，对监督工作中发现的风险隐患和苗头性问题进行梳理总结，重申招聘工作纪律，落实具体责任人。保存竞聘人员主动放弃、顺位晋级的留痕材料，及时建立健全所有招聘员工档案，完善招聘工作台账，避免出现投诉举报问题。

在企业人才的选拔与培养方面，应当摒弃传统的任命制，而选择一种公开选拔、竞争上岗的领导选拔机制，让真正拥有真才实学、道德水平高的优秀人才，担任管理岗位的领导职务。在人才选拔的标准制定方面，不同的选拔标准可以塑造出不同的人才，而这一标准的制定严苛与否，直接影响着企业人才管理水平的高与低。对于企业来说，为了使得人才选拔与培养工作得以顺利开展，需要建立专门的领导小组负责具体事宜，其中小组组长由党政领导担任，由人力资源管理部门负责具体的工作事项，制定出与本单位性质相匹配的人才培养与选拔标准，具体有人才科技业务水平、思想政治素质以及经营管理能力等几方面，将科学发展观与上述内容有机结合，确保员工能够德才兼备，从本质上提高企业员工的职业道德与专业水平。

如今市场经济发展迅猛，企业之间的竞争从未停歇，如果员工从思想上无法跟上时代的发展步伐，势必要陷入被淘汰的境地。因此，为了使得企业能够在激烈的市场竞争中实现可持续发展，就应当建立与之相适应的优胜劣汰机制。企业执行"能者上，庸者下，劣者汰"的用人制度，在优秀员工中寻找各方面条件相匹配的人才走向管理岗位，需要经历应聘者答辩、民主评议打分、单位领导批准任命等多个环节，使得优秀人才得以提拔与培养起来，在公开竞聘前，企业会将人才选拔标准以公示的方式张贴出来，每位员工可以根据自己的实际情况决定是否参加管理者的竞选活动，这在一定程度上，能够使企业在人才选拔中选好人、选准人。

（4）要遵循出其不意的原则。从心理学研究角度出发，出其不意是最能够暴露员工真实内心世界的有效方法。因此企业在对员工进行面试时，可以选择在面试者处于相对放松的状态下，出其不意地问出关键性的问题，由此可以看出面试者的临场应变能力及其真实的心理状态。举例说明，当面试者被询问在你之前的职业生涯中令你最引以为傲的事情是什么？正当面试者夸夸其谈时，招聘者突然抛出一个令应聘者难以启齿的问题，看他当时的临场反映以及真实的心理状态。

（5）确保质量原则。通常而言，选聘人员时应当尽量选择质量好、素质高的人才，但是在人才选择时也不需要一味强调高学历、高水平，而是要实现员工与岗位的高匹配度，使得企业人力资源结构得以合理化。企业招聘员工通常都是以高标准来要求的，但是这不能成为人员招聘的唯一标准，需要多方面考察、多角度匹配，最终目的在于员工是否能够在胜任的岗位上为企业发展贡献力量。在选聘人员时，要尽量确保用人的质量，必须根据企业工作分析以及人力资源规划的用人需求得出最终的任职资格要求，通过科学的招聘程序与方法开展相应的工作，并在这个过程中始终坚持群体相容与能位相配的原则。简言之，就是应当结合企业中不同岗位的工作性质，择优选聘适合的人才，并且要求员工队伍内部保持一定的相容度，以便企业内部不同部门之间沟通更加便捷，从而形成一种群体优势。企业员工招聘关乎企业未来的发展，人才的优劣对企业发展有着重要作用，要想使得企业能够实现长期的可持续发展，就要做到选对人才，留住人才，就必须坚持上述的三项原则。

（6）在"待遇留人"的基础上，在给财会人员以优厚的薪酬与发展空间的前提下，对会计人员的工作给予应有的重视，并增加对其培训的投资；保证会计人员在工作之外的社交、休闲需求，营造一个与企业和谐发展的良好氛围，从而使其对用人单位有一种深刻的认同。

（三）选拔测试需多样化

企业发展离不开人才，而企业对会计人才招聘条件中较为看重创新创造能力以及创新意识，当然还包括良好的职业素养与道德操守，以及扎实的业务能力水平。故此企业在进行人才选拔时，应当充分考虑选拔的多样性。实际上，在传统的企业人才招聘中，通常以显性能力作为人才录用的重要标准，也就是业务能力、工作经验以及学历等等，其招聘形式也是以笔试与面试相结合的方式进行，其人才考核的具体内容也主要侧重于员工的显性能力，也就是与本岗位工作内容息息相关的技能等，较少地会从人才的创新能力、创新意识以及综合素养等多方面进行较为全面客观的考核与评判。

新时期企业在进行创新型人才选拔时，通常将人才的创新能力与创新意识作为人才素质评判的主要标准，通过多样化的测试方式，最终选出与岗位职务各方面相匹配的人才。比如，某世界五百强企业在进行员工招录时，需要通过两个层面的考核，其一是智力测试，包括常识型、逻辑推理型、数学计算型等；其二是对人才的胆识能力、情商、创造力等进行测试，通常采用托兰斯创造思维测验法，以游戏的方式测试应聘人员的创造思维、图画以及言语三方面的能力。

例如在言语创造思维测试中，要求被测试者根据提供的图画进行推演，自主提出问题并猜测原因及后果；而在图画创造思维测验中，则通过为测验者提供尚未完成的图像或是抽象图像，由测验者构造图像使之完整。由于此类创造力测验题目并无固定、标准答案，故而也为评分以及信效度确定增加了一定难度。因此为了能够进一步提高企业创新型人才选拔的全面性、客观性，企业还可运用情商与胆识能力测验的方式。如将所有测试者集中在同一会议室中，要求被选拔者对于主考官布置的任务自由组成小组进行无领导小组讨论。

此外，也有企业在创新型人才的招聘选拔中，会采用故意布置"陷阱题"的方式，如主考官或企业管理人员故意在公文处理上出错，或是故意提出可行性不高的提议等，测试被选拔者是否敢于挑战权威，检验其是否具有较高的冒险精神与胆识能力等。通过灵活运用多种多样的测试方式，同时关注选拔者的智商、情商、创新创造能力等方方面面，为企业顺利选拔出所需的优质创新型人才。

（四）内外人才同步选拔

在企业创新型人才选拔时，需要相关管理人员同时注重对企业内部人才与外部人才的识别和选拔。在人才招聘时，企业可以主动与当地知名高校、研究机构等单位进行深入合作，根据企业战略发展与岗位需要，直接从中引进高素质、专业优秀的创新型人才。此类单位本身具有相对丰富的教育资源和人才资源，通过充分利用其现有的优势资源，扩大企业创新型人才团队，为企业实现可持续发展提供源源不断的人才支持。

此外，企业根据自身实际情况，也可以从国外引进具有丰富实践经验与扎实专业基础知识技能，并具备较高创新思维与创新创造能力的国际型人才。在人才引进时除了需要重视围绕企业主营业务与核心技术外，同时也应当有意识地在企业管理、市场营销等方面引进优质专业人才，以此有效提升企业人才结构的层次性与复合性，使得企业内部人力资源能够在一定程度上被激活。在面向企业内部进行人才选拔时，除了通过依托企业现有绩效考核机制，根据考核结果以及员工日常的工作表现等，从中识别有潜力的创新型内部人才，企业还可以灵活运用人才自荐、内部推荐等多种方式，不断扩大人才选拔范围，从而为企业组建庞大的创新型人才团队奠定坚实基础。

二、企业会计人才培养

会计专业人才的培训是会计专业人员必须履行的责任和应实现的职责。培训不仅要兼顾企业的总体目标，还要兼顾会计人员个体发展，确保企业的发展与和谐与有序。会计教育的整体目的是对会计人员的经营活动实现的一种理想的教育。这是我国会计专业人员培训工作的基础和推动力。

提高会计人员素质是我国会计教育的根本目的。从生理性的观点来看，人的发展既有生理性的发展，也有精神上的发展。而后者的发展又对其产生了更大的推动作用。从教育的观点来分析，人的发展既有综合发展，也有人格发展。综合发展是指个体的身体素质、智力素质、行为素质、品德素质等各方面的综合发展。综合发展与人格发展是一种互补的发展。两者的有机融合是当今时代发展的必然结果，也是培养会计人才的终极目的。

会计专业的培训是为了充分、科学、合理地发挥和利用会计人员在企业及社会、经济发展中的积极影响而进行的人力物力的分配、素质提高、能力利用、发展规划等。而充分发挥会计的潜力是其基本目的，使现有的人力资源与实际的生产率相适应。所以，运用多种行之有效的手段使其充分利用、提升其素质和改进其组织是其基本目的；合理分配和合理利用，有利于实现财务会计与管理会计的有效整合。

（一）强化职业道德培养

与普通的公司职员相比，会计人员拥有更多的知识和更高的专业道德素质。应从两个层面上强化会计人员的职业道德教育。

1.健全与会计职业道德相关的各项规章制度

要对各类会计人员的各项会计活动作出清晰的权利与义务的界定，使之事事有据，赏罚有理，从体制上防止会计人员被个人所用，危害了集团的整体利益；把管理制度当作衡量财务人员素质的标准，让制度真正渗透到每个职工的心中。

2.强化自我检查，强化对违法行为的处罚

加强对会计人员的责任感和法制观念的培养，对自身的工作进行定期的自我检讨，并采取相应的奖励和惩罚措施，对违纪人员实行多种惩罚，比如停职复学等。

当前，我国会计人员整体质量不断提高，但同时也有许多缺点的存在，例如：工作积极性不高、工作浮躁、不愿从下级开始；能力方面、实际操作能力、团队合作能力、表达能力、工作适应性等方面尚需改进；金融学、税务学、管理学、微观经济学、经济法等方面的理论和实践仍需不断改进。为此，企业普遍认为，应该从提高会计人员的专业素养入手，对其进行合理的培训，以更好地满足未来我国会计专业发展的需要。应强化对会计从业人员的信用培养，培养其具有较高的职业操守能力。随着市场经济的发展，各种经济联系日益复杂化，会计从业人员的职业道德水平将直接影响到其功能的实现，要想让会计工作者真正的爱岗敬业、诚实守信、廉洁自律，就必须加强对会计职业道德的认识和掌握。客观公正，坚持原则，提升技术水平，积极参加经营，加强业务学习。

（二）提高创新能力

1.加强创新型人才培养

创新的思维、扎实的理论根基和广阔的知识面、兴趣和坚持不懈是影响企业创新的内在原因，而创新思维能力、竞争环境、配套设施等都是制约企业创新能力的外在原因。

创造性思维是与习惯性思维相结合的，它注重意识和多方联想，扩散和集中思维，求异和求同性思维；反向思考和积极思考的组合。良好的思考逻辑性和广博的爱好是培养会计人员创造力的核心，在训练中，会计人员要注意自己的学习方法，并与团队沟通相结合；通过思维的冲撞来激发更多、更好的创意，从而提高企业的创造力。

创新是以先辈为主体发展而进行的，而以知识为核心的创新能力则是提高创造力的根本。随着知识的积累，会计人员的眼界也越来越开阔，新的思路和方法也越来越多。通过多领域的书籍，加入更多的利益团体，会计人员可以通过学习更多的知识，不断地完善自己的专业知识，提高自己的财务素养和其他技巧，不断提高企业的技术水平，不断开拓自身的发展。

创意是创新的首要步骤，创意的产生必须有充分的学习动力，学习动力分为学习兴趣和好奇心。学生创造的先决条件是有兴趣，而好奇心与求知欲望则是创造活动的动力。身为一名会计人员，具有较强的求知欲，更易于对最新的金融资讯产生浓厚的兴趣，最后产生创造性的行动。

创新型人才指的就是具备较高创新意识与创新创造能力，并且可以顺利地将自身创新想法与理念、创新设计与思路等成功转化为创新成果的高素质、专业优质人才。创新型人才首先需要熟练掌握大量的专业基础知识和技能，并可以对其进行灵活运用。其次，创新型人才应当拥有创新意识与创新创造能力，并具备较高的智力水平、综合实践能力以及自由发展的个性。此外，在全球化时代下，也需要创新型人才具有国际视野、敏锐的洞察力与观察力，且具备较高竞争意识。最后，要求创新型人才拥有健康的身体素质与积极向上的思想价值观，以精益求精的匠人精神做好本职工作。

在企业人才团队中，创新型人才作为关键核心，相较于技术型人才、管理型人才以及其他普通人才，其最为显著的特征即为创新。此类人才普遍具备独特的创新思维，能够在同时兼顾科学理论及相关客观规律与实践经验的基础上，积极开展各种有意义的创新实践活动，并由此获得多种多样的高价值创新成果。不仅如此，创新型人才通常也具有较高的团队意识与协同合作能力，事业心和进取心相对较强。企业中的各种创新活动如产品创新设计研发等，往往是集体性、团队性的活动，需要众多创新型人才协同合作、相互配合，共同完成企业创新实践活动，所以，创新型人才要求有较高的人际交往能力、协同合作能力等。另外，创新型人才通常还具有较高的冒险精神和挑战精神，敢于质疑和挑战权威。由此可见，对于企业创新型人才而言，其具备的创新意识与创新创造能力，同时具有智力与人格特征属性。

企业创新型人才选拔的策略分析。当前，创新型人才早已成为企业中最为核心的关键资源，决定着企业未来的生存与发展。因此现代企业势必需要加强创新型人才的选拔与培养，同时重视落实人才激励，从而有效留住人才并培养更多企业所需的创新型人才。本研究为企业深入落实创新型人才的选拔、培养以及激励工作给予相应的实践指导与帮助。

基本素质与具体特征分析。在重视加强对企业创新型人才培养的过程中，要求企业对人才培训工作的落实情况进行全程严格监督管理，优化整合企业创新型人才培养成果并对其进行充分运用。在此过程中，需要企业主动抽调培训人员、人力资源管理人员等，专门成立负责创新型人才培养及其监管工作的团队。对每一项人才培养工作、培养任务的实际完成情况进行实时监督与记录，并及时将得到的记录结果进行归档整理。例如在线下培训活动中，监管人员需详细记录参培者的出勤率、培训表现情况、创新成果等，并以此为基础采用笔试结合实践操作的方式对参培者的创新创造思维能力等进行全面考核，从而帮助工作人员准确了解实际培训效果。依照最终得到的考核结果，企业需要主动与参培员工进行沟通交流，共同分析其在创新创造及岗位业务技能等方面存在的优势及不足，结合员工实际情况有针对性地为其提供改善建议。最后，企业需要积极将创新型人才培训考核结果和人才绩效考核结果进行优化整合，为员工后续升职加薪等提供重要参考依据。

企业创新型人才激励的方式分析。在企业创新型人才的培养当中，首先需要企业结合自身实际与人才培养需求，建立健全相关培训机制。例如在某科技型企业中，对于企业内部年龄超过 45 岁的中年管理层人员，考虑到此类员工虽然工作年限相对较长且已经积累了一定的工作经验，但普遍对新生事物的敏感度较低，同时长期受到传统工作理念与思维模式的影响，大多缺乏较高的创新意识与创新创造能力。因此在对此类员工进行培训时，企业一方面需定期组织其参与如自动化办公、计算机操作以及与之相关的培训学习活动，帮助其学习更多与本岗位相关的先进思想理论与工作方法，使其可以主动转变保守的工作思维，活用各种先进工作方法技能不断提高工作效率。另一方面企业也可定期组织此类员工进行岗位轮换，并委派其更多自由性、专业性以及创新性相对较高的工作，鼓励其充分发挥自身的创新创造思维能力，在工作中实现个性化发展并由此帮助其获得更好的工作体验。

2.运用多种培训方式

在对企业创新型人才进行积极培训时，企业需要结合具体岗位层次级别，合理设置相应的培训内容，并主动变换使用多样的培训方式。以华为公司为例，其在培训高层管理人员时，以专业培训机构组织的学习为主，如在创新管理思维的培训活动中，由专业的创新思维培训讲师，将当前企业经营管理领域中，最先进的管理理念、管理措施等以真实案例的形式传授给参培人员，使其可以不断汲取更多新颖的企业经营管理理念及相关理论知识，在创新思维的驱动下优化企业战略规划。对于企业中的中层管理干部以及各部门的部长，企业在定期组织其参加与从事业务相关的专业基础知识技能培训，以及有关提升工作执行力的培训活动外，还要求其在培训过程中参与各种创新实践活动，并通过与企业核心技术人员、一线工作人员等进行沟通交流，在充分把握企业中的核心技术、主要经营管理方式下，立足企业，实际对其进行优化创新。除此之外，企业还可以采用产学研一体化的模式，主动与当地高等院校、科研机构等进行相互合作，共建实验室、研发中心等，并结合企业产品创新设计、创新研发等实际项目，使得参培人员能够在创新实践的过程中，全面提高自身创新思维与创新创造能力。

（三）培养终身学习观念和快速学习能力

学习是保证经济、社会和人的可持续发展的关键，学习也是一个民族兴旺发达的重要象征，在这个社会中，人们必须坚持"活到老，学到老"的终身教育观念。

随着社会的发展，会计的理论与实践也在发生着重大的变革，而对会计人员而言，必须顺应时代的发展，以应对日益增长的新问题，要形成终生的学习理念，把自身与学习的主体相结合，不断强化自身的学习能力，形成终生的学习理念，以更新、补充、拓展和提高知识和技术为目标。

在科技飞速发展的今天，会计人员既要具备一定的信息科技、会计学的能力，又要对与会计学相关的学科有所了解，例如经济、金融、投资、管理、法律、税务、国际贸易等相关的基础理论与实践。作为一名优秀的管理人员，高级会计师必须具备下列几个基本要素：①国家关于经济体制的变革；②会计制度的改革和政策的变革；③制定重要的财务政策背景、意义及存在的问题等。这些都要求企业中的高级会计人员能够迅速地掌握自己专业的知识，以便能够及时地进行知识的补充和调整。

（四）提高职业判断能力

会计人员无论在会计方面还是在其他方面都要有较强的学识和实际操作

能力，都要高于普通的会计人员。当今的社会和经济形势瞬息万变，要求会计人员必须具有灵敏的洞察力，并且在最短的时期做出正确的、高效的决策。特别是对高层次的会计人员来说，他们的判断能力将直接关系到整个公司的发展。会计人员应以一种开放的心态对待自己的专业知识，并持续地吸收外界的信息，运用最新的营销理念和营销手段；把握机遇，运用现代的财务管理方法，为公司赢得更多的资金，提高公司的竞争力。会计专业人员要提升自己的专业判断力，就必须以发展的目光和心态去适应内外环境的转变，适当地将自己的专业技能应用到财务工作中去，思维缜密，思维开阔，能根据自己的专业知识和对外界的影响推断出变化的趋势，并在适当的时候做出准确的决策。

（五）强化专业知识的学习

加强对会计工作的认识和对其进行信息技术的训练，提高其对信息技术的认识已经迫在眉睫。在职的会计从业人员要根据国家相关法规进行信息技术培训。新的形势下，对应用型人才的需求越来越大。首先，会计必须具备良好的电脑操作能力和良好的会计技能，能够使用多种会计软件。其次，企业财务信息化建设要求企业员工的经营管理和技术能力不断提高。因此，要做到这一点，一是要强化对公司主要负责人特别是一把手的培养；二是要强化对高、中级管理人员、IT 部门负责人、技术人员的培训，对管理人员进行信息技术培训，对 IT 人员进行管理和信息技术培训；三是提高训练效果，制定出有计划地训练安排。

各级主管机关要加强会计信息化工作，提高会计服务和会计工作，提高会计人员综合素质，保证会计信息化工作的开展同步，从而提高会计人员的核心能力；推动企业加快企业信息化进程，在满足企业信息化需求的同时，不断的发展自身。通过这种方式，可以增强公司的核心能力，促进公司的整体发展，推动公司的整体发展。

作为一个企业要注重对财务人员进行培训，以提高公司的经济效益。在高水平的会计人才培训中，要注重对已有员工进行培训，同时要适当引进创造性的人才，并以相互学习、相互发展的方式来保障整合工作。当然，公司也要建立相应的制度和要求，定期培养这些人才，同时也要建立相应的奖惩制度和激励机制，以激励和奖惩的方式，把两者结合起来。另外，要加强对会计人员网络工作能力、思维能力的培养，以提高其运用信息技术和大数据技术进行财务整合的能力，同时也要充分发挥自己的工作潜力和优点，促进公司经营工作的整体发展，在会计管理工作领域取得更好发展成效；加强公司发展的现实竞争和核心能力，促进公司的综合发展和提高，突显公司在新的发展环境中的综合实力和价值。

在新的经济条件下，高素质的会计人员对于提高公司的竞争能力具有十分重要的作用，而要实现两者的有机结合，必须培养出高水平的会计人员。在目前的企业发展实践中，管理会计在很大程度上起到了促进作用，这主要是由于对管理会计知识的了解和对业务操作能力的缺乏；从长远来看，公司注重运用财务会计知识，逐步建立起较为完备的会计人员系统，而管理、核算系统却很少见；在我国，会计管理人员的培训还比较薄弱。为此，必须加强对复合型会计的培训，以促进企业与企业的有机结合。首先，注重建立多元化的内部培训制度，激励现行会计人员掌握财务基础知识、管理知识、金融学知识、统计知识。创新观念，实现事业的转变，提高电脑操作技巧，学习运用现代的电脑技术，运用现代的电脑技术进行财务数据的处理；其次要注重对应用型人才的培养，保证他们具备扎实的专业理论和熟练的操作能力；提高财务信息的有效性，为公司的发展提供人力资源。

总结起来，在当今的公司发展过程中，财务和经营核算都是一个很大的问题。两者相融是当今世界经济发展的一个重大潮流，所以，要从自身发展的角度出发，强化与会计的有机整合，提高公司的整体实力。

（六）培养会计人员的制度建设

经过对整个金融公司职业教育的深入研究，发现目前我国金融企业在实施职业教育方面存在着一套与之配套的专业化、系统化、综合性的职业教育培训制度。

在宏观上，中国的高品质发展和转型持续深入，"新机遇、新挑战、新趋势"成为金融公司的新问题，整个金融公司行业应该通过培训不断丰富专业人才的行业知识，增强专业人才的业务技能，拓展专业人才对企业集团产业发展情况的认知，不断提升专业人才的素质水平使其可以达到行业不断变化发展的要求。从行业的角度来说，可以通过培训提升专业人士对业内的认同，让他们对业内有更多的归属感，让他们在业内工作更有成就感和自豪感；让雇员感受到工作的乐趣，降低了业内专家的损失。因此，建立一个专门的职业教育系统是十分有意义的。

然而，目前国内大部分的金融公司还没有对专门的人才进行全面的评价，致使其在实施过程中存在着不科学、不合理的问题。实行职业技术人员的甄别与培训制度，能够使职业技术人员在职业资格、学历要求、工作经验、资格证书等方面获得提升；从素质需求等多个方面进行研究，进一步完善评价指标，使专家的综合素质与业绩相结合。此项工作的推行，能使专业人士更清楚地认识到平日工作中一点一滴的辛苦，是自身提升的宝贵财富，也是薪资的分配基础。

在专业人员的能力到达可以提升的关键点时，可以通过行政渠道和专业人员的升迁渠道得到全面提升。在解决专业技术人员的问题时，不会只依赖于行政人员的提拔，而应该在现有的机构结构保持一致的情况下，通过"甄选＋筛选"来达到双赢，既可以避免"多选一"的情况，又可以在无法进入行政体系的情况下，将职业人员提升到更高层次。真正做到职位的差别而工资没有差别，与一般的雇员比较，真正地达到工资的差别。这种双重职业的升迁方式，再加上薪酬体系的调整，可以有效地留住金融公司的优秀人才。

《中华人民共和国公司法》第 46 条，对公司的财务预算及决算进行了全面的规划；确定公司内部行政机关的设立权限；在公司的任职、辞退和薪酬方面，均由公司的董事会自行决策，可以在董事长的推荐下，任命、辞退公司的高管和其他高管。以上各项权利的保证，使得金融企业在制定人事决策等方案时具有相当的自主能力，从而为实施职业经理人的培训制度创造了良好的内在条件。

大部分金融公司的内部机构结构通常是由高级管理层、专门委员会和各个机构组成，这样的结构使得企业的职业人员选择和培训更加容易，因为简单的机构结构，可以简化企业的决策过程，方便技术人员提升和现有的管理人员的升迁通道的建立和执行。针对企业的运营特征和现有的业务，采用科学的类别选择和最后的工作顺序，削弱了新的职业技术序列管理制度对现有职位的区别对待，还可以降低新制度所造成的障碍；在早期执行新的机构架构更为有益。

公司员工的综合素质及认知范围在某种程度上影响了公司的整体发展，所以要将针对专业员工职业素养的培训作为单独的培训课程进行提炼。员工职业素养提升培训课程从员工的职业沟通交流、职业操作道德、职业初心和职业专业素质、企业文化等几个方面着手。重点提高专业人才在工作中的进取性、能动性，激发员工工作内在动力，塑造自觉自发的工作习惯和工作风格。培养员工积极和乐观的职业心态，培养"协同作战，攻坚克难"的团队精神，加强专业人才对公司的认同感和忠诚度，从而提升公司的职业化整体水平。

为了满足专业人才对尊重的需求，公司可以利用需求调查、面对面访谈等方式在了解专业人才培训需求的基础上，设计与之需求相契合的培训课程，增加培训课程的针对性，提高专业人才参与培训的机会，提升专业人才的综合能力，在专业人才获得尊重需求的同时，达成企业保留人才的目标。北汽财务公司在培训方面结合员工需求，推进公司领导干部上讲台、进课堂，引进在线学习平台，适应员工碎片化的学习。中节能财务公司为了帮助员工提升职业竞争力，开展"金融大讲堂"系列培训，拓展公司干部员工在金融创新、客户服务等金融领域的视野。

（七）制定培养人才的特定方法

一个公司要取得快速的发展，就必须把公司的人才策略和整个公司的策略计划相融合，只有这样，公司才能取得领先的竞争优势，才能把人力资源从员工的管理上升到公司的发展战略。人力资本是最不可控的、最能体现价值、最具有主观能动性的要素，因此，企业应确立人力资本是最重要的观念，人力资本是最需要关注、最需要开发、最能带来意想不到收益的。以提升公司全体效益为先决条件，全方位培养各类优秀的后备人员；强化对人才的培养、强化自身的修养、思想的更新、质量的提升；通过培养、轮岗、引进等方式，使企业的人力资源得以充分利用。

以人为本的经营理念强调，要根据员工的不同特征进行"因材施教"，即把最合适的人才放到最合适的位置。它基于人类的假定，把所有的人看成是一个具有自己独特的思维方式和目标的生命。专业人士是企业中的一个关键团体，他们把自己的理想和未来联系在一起。所以，在企业内部进行专业人才的培养时，必须"对症下药"，并根据其个人需要，制订相应的经营对策。既要重视对人才的关怀，又要激发人才的积极性，挖掘人才的潜力，给予他们更大的发展空间、表现机会和具有挑战性的工作机会，以达到企业和员工的双赢。

第三节　大数据时代企业会计人才的考核与激励

一、企业会计人才考核

（一）人才考核的种类

业绩考核与能力考核是人才考核的两种方式，我们将按照一定的员工职务标准，对其在规定时间内完成工作任务的情况进行评定的行为称为业务考核。而将按照职能标准，对员工在规定时间内完成工作任务的情况进行评价的行为称为能力考核。

通常来说，人事考核的主要内容集中在工作人员职务担当能力的把握与测评方面，包括显在能力与潜在能力两个方面。其中显在能力顾名思义指的是员工在具体工作中发挥出来的，并且可以通过业绩得以体现的一种能力。而潜在能力通常是指员工可开发的以及自身具备的一种待挖掘的能力。其中显在能力可以通过工作业绩得以体现，而潜在能力则需要结合员工的工作经验、体力以及知识技能等方面进行把握；显在能力则可以借由员工的工作态度以及具体的工作业绩得以充分体现。具体内容有工作态度、业绩、显在能力、经验性能力、体力、潜在能力、知识等。

（二）企业会计人才考核标准及内容

为了促使企业会计人员管理制度得以不断健全，使得企业会计人员工作质量得以提高，在一定程度上需要将考核与其工作任务的完成情况结合起来进行综合评定，故制定本办法。

（1）考核"德、能、勤、绩"四个方面。"德"指遵纪守法、执行财经法规情况、思想觉悟、纪律观念和职业道德等方面；"能"指政策水平、业务能力、工作效率及质量，包括专业理论和单位会计制度建设方面；"勤"指工作态度、敬业精神，主要考核上下班及出勤方面；"绩"指工作实绩，主要考核工作任务的完成情况，派驻单位的评价，奖惩情况。

（2）考核实行百分考核制，具体标准如下。

①坚持四项基本原则，遵纪守法，严格执行国家财政法律法规，无损害党和国家以及人民的利益。

②自觉遵守单位的各项规章制度，积极参加单位开展的各项活动，工作中不徇私、不受贿、不挥霍、不浪费，自觉遵守职业道德的，得10分，上述行为违反一次扣2分。

③能及时全面掌握国家有关财经政策、财务制度以及政府和财政部门出台的各项政策、规定和制度，得10分，出现一次差错扣2分。

④业务方面，具有一定的专业技术和技能，熟悉会计知识，胜任会计工作，账目清楚，数据准确，按时记账、结账、报账，为领导提供好决策依据的得10分。达不到上述要求的，每项扣2分。

⑤自觉钻研财会专业理论，制定好本单位的会计制度、规则、会计岗位责任制，制度健全得10分，不健全的酌情扣分。

⑥热爱本职工作，工作态度好，按时上下班，无旷工，得10分，累计迟到早退达五次扣1分，旷工一天扣1分。

⑦按时参加会计培训，遵守会计例会制度，全年无缺席的得10分，缺席一次扣2分。

⑧能圆满完成岗位工作任务及领导交办的其他工作，协调好单位内部及与外单位各方面的关系得20分，对没有完成任务或完成任务差的，酌情扣

1 至 5 分。

⑨在年中专项检查及年度审计中，无发现有违纪行为的得 10 分，否则视情节轻重酌情扣分。

（3）考核结果分优秀、称职、不称职，考核得 90 分以上者为优秀，60 分以上者为称职，不达 60 分为不称职。

（4）考核兑现。

①对成绩优秀者，给予表彰奖励。

②考核不称职者，给予批评教育，限期改正，连续两次考核不称职者，调离财会岗位。

③考核中发现有违纪行为者，视情节轻重给予通报批评、停职检查、撤销会计职务等处罚，直至送交司法机关查处。

（5）考核方式：采用 100 分制，即中心各岗位人员每月满分为 100 分，凡对照考核内容需扣分者，均从中扣除。

（6）考核内容：考核从业务处理、出勤及服务等方面进行，具体为：业务处理方面：

①按时处理每笔业务，当月单位结账、报表处理、凭证装订在次月 7 日前完成（每月 1–5 日为月终处理时间、原则上不办理报账，支取工资业务除外），每一个单位或每推迟一天扣 1 分，最高扣分 10 分；考核记账会计、出纳。

②会计科目使用正确，凭证装订整洁，业务印章齐全。有一处不符合规定者，扣 1 分，最高扣 10 分；考核记账会计。

③原始凭证审核严格按有关制度要求办理，拒付会计凭证要有详细文字记录，并提出纠正措施。有一张不合规的原始凭证扣 10 分。

④第一次考评者，必须站在直接监督的立场上，并且，对于想要特别强调的评分和评语，以及对评定有显著影响的事项，必须予以注明。

⑤第二次考评者，必须在职务、级别上高于第一次考评者。有关需要特别强调的评分和评语，或与第一次评定有明显差别的地方，必须予以注明。特别是在遇到与第一次评定有显著差别的情况下，需要倾听一下第一次考评者的意见，有必要的话，相互商讨，对评定作出调整。在不能作出调整的情况下，至少应该把第二次评定的结果，告诉给第一次考评者。

（7）裁定、拍板者，参考评定经过报告，作出最终评语。

（8）在职务级别层次很少的部门，二次考核可以省掉。

（三）考核原则

为了使人事考核公平合理地进行，考核者必须遵守以下原则。

（1）必须根据日常业务工作中观察到的具体事实作出评价。

（2）必须消除对被考核者的发恶感、同情心等偏见，排除对上、对下的各种顾虑，在自己的信念基础上作出评价。

（3）考核者应根据自己作出的评价结论，对被考核者进行扬长补短的指导教育。

（4）在考核过程中，要注意加强上下级之间的沟通与能力开发，通过被考核者填写自考表，了解被考核者的自我评价及对上级的意见和建议，以便上下级之间相互理解。

二、企业会计人才激励

健全有关的激励和保证制度，注重物质和心理上的双重奖励，激励和保证会计人才成长和激发会计人才的积极性。从薪酬和职业两个层面进行研究。

工资奖励：实施"易岗易薪"，推行员工工资奖励和奖励机制，激发员工的工作热情，使其在不同的职位上获得相应的报酬。

事业上的奖励：企业在制定人才培养计划时，要对其进行全面的计划和策划，以事业为导向，以体制为导向；推动会计与公司的合作，共享利润。

情感鼓励：建立"尊重知识，尊重技能，尊重人才"的思想，以谈心谈话，解决财务上的问题等多种途径，传达出对财务人才的感恩与关爱，以尊重和信赖为宗旨，提升会计人才在公司中的作用；用感情吸引人才。

文化鼓励：通过加强企业的文化功能，促进和会计人员的交流和理解，把企业的文化渗透到他们的思维中，形成他们的世界观、人生观和价值观，成为他们努力奋斗的重要力量。

完善财务管理体系。根据《中华人民共和国会计法》《全国先进会计工作者评选表彰办法》等相关法规和政策，制定企业财务管理制度，组织实施对"优秀会计工作者"的评选、奖励。全面、制度化地进行会计先进工作者的评选和奖励，为会计人才的成长成才提供良好的环境。

（一）制定科学的激励机制

任何一家企业若想正常运转，并使得制定的各项政策与措施得以有效实施，均离不开企业的规章制度。就会计人才而言，制定相应的激励机制在一定程度上可以有效激发员工的工作热情，从而推动企业不断向前发展。通过人才晋升通道的开辟，使得会计人才的收入可以随着社会地位的变化而有所增长，为会计人才的未来发展提供广阔的发展空间；制定切实可行的会计人才绩效考评机制，由于企业会计人才工作的特殊性，导致他们很难通过业绩政策实现经济收入的增长，因此研究与制定出一套切实可行的会计人才业绩考评机制显得尤为重要，基于充分考虑会计工作的特殊属性，制定出符合该岗位工作性质的绩效考核机制，一方面可以激发员工工作的积极性与主动性，另一方面能够通过绩效使得员工的收入水平有所提高，从而使得员工的生活品质得以提升。比如，以财务差错率作为业绩考核的评定指标，以此划分出会计的等级，从而使得不同等级的员工享有不同的薪资待遇。

1. 薪酬管理

工资是劳动者在完成其自身的劳动和智力劳动后，从公司一方面得到的金钱，再加上各项特殊的服务和利益。工资是最直观地反映员工的价值观和最直接的动机。因此，注重企业的内部凝聚力、企业对外竞争能力以及对企业的贡献，制定出针对性的薪资政策与战略，可以使企业在经营活动中得到最大程度地体现。

"官本位"的观念在金融公司中根深蒂固，大多数公司都会根据职务级别来衡量雇员对公司的贡献，从而导致很多专家将注意力从对公司的贡献转向了对公司的提拔，从而影响到公司的长期发展。而一些不肯花费时间来提升自己的工作能力的人，由于没有得到提拔而拿不到相应的报酬，这对于留住员工来说也是非常不利的。应当将薪资的最佳配置与职业提升的渠道有机地整合起来，假如一个专门人员的技术等级已等于管理渠道内的一个部门主管，那么他可以享有与主管相同的待遇。

为了对人才的优秀表现予以正强化，促进人才更加关心公司的发展，维护公司的形象，可在绩效管理中增加专业人才在组织管理、市场开拓、攻坚克难方面有较大突破和创新，对改善工作和提质增效，贡献专业研究成果及设计方案被公司采纳，为公司发展带来推动作用等情况时以实物或现金方式给予适当奖励的规定。

通过多元化的绩效激励政策及薪酬福利政策配套使用，最终促进专业人才不断主动提升自己，实现专业人才与财务公司行业共同促进提升、共同进步发展的目的。

2. 薪酬激励

（1）完善相关薪酬制度。企业为了培养与挖掘更多的创新型人才，需要在原有的薪酬结构的基础之上，建立起与之相匹配的全新的适用于创新型人才的薪酬制度。如依据员工创造的创新成果来确定员工的薪酬待遇，基于原有的岗位工资，增设津贴补贴、绩效奖等。对于企业内部的产品技术研发创新项目，企业能够根据创新型人才对于技术创新难点与项目产品的贡献大小进行奖金的科学分配。举例说明，某家公司要求员工在一周的时间内，完成一项软件功能升级创新的项目，为了激励员工的工作热情，企业以 2000 元奖金作为限时任务挑战的奖励。对于在企业内部的产品技术研发创新活动中具有突出表现，并且取得一定创新成果的创新人才，企业应当对其考取与本岗位相关的高级资格证书的费用予以报销。通过上述薪酬的激励政策，在一定程度上促使员工的创新性与积极性得以充分调动，为企业挖掘与培养更多的创新型人才，为企业的可持续性发展创造良好条件。

（2）优化绩效考核机制。企业需要积极构建竞争性、激励性的绩效考核机制。比如，由于创新型人才的基本素质存在一定的差异，使得其考核内容在设定时需要充分考虑各方面因素，在此基础之上，分别设定不同的考核指标，即职业素养、职业能力、创新力等，并基于此对不同考核指标下的考核办法、要求与内容进行不断细化。在对员工的创造力进行考核的过程中，其具体的考核内容将设定为当员工在工作中遇到难以解决的问题时，是否能够运用自身的发散性思维，极具创造性地将问题加以解决。若企业执行的是百分制的考核标准，那么针对创新型人才在具体工作中的表现以及取得的创新成果加以评判，判断出其实际的考核分数，以此作为标准对员工的薪资报酬进行适当的调整，对于在创新方面表现突出的员工，企业将采取升职加薪或者骨干分红等方式加以一定的奖励，同时也可以是精神层面上的奖励，以此来不断激发与调动员工的工作热情与创造性。

（3）培训。公司给雇员提供足够的培训和发展的空间，其终极目标是提高员工的竞争力，它既是一种间接的奖励，又是一种通过训练方式实现的隐性福利；它不仅为员工创造了一个可以学习的平台，而且还能够适应公司发展的需求，将训练和实践相联系，从而增强公司的竞争能力。这样才能达到双赢。

3.业绩考核

绩效考核由考评者、被评者和绩效指标组成。在制定一个公司业绩指标时，一般要从主要业绩指标、岗位职责指标、工作态度指标、岗位素质指标和拒绝指标中选择最符合目前的指标，并进行层层细化。业绩评价的结论可以作为对职工进行训练和人事调配的参考，也可以作为工资的调节基础。员工可以通过自身业绩评价获得相应的奖励。

4.提升行政

升职是指雇员从较低职位到较高职位的一个程序。通常情况下，公司实行的是行政渠道的升迁，这样的提升最大的好处就是可以降低人力、物力的消耗，节省了人力和物力。其次，能够将工作人员的工作热情最大化。第三，可以使公司的工作持续和稳定。

（二）设定人才培养责任制

企业会计人才的素养要想得以提升，需要企业方方面面的配合与支持，包括资源与政策方面的支持。所谓企业高管责任制，主要指的就是企业设立专门的副总以上级别的责任人，主要用以会计人才的培养，而对责任人的考核指标便是会计人才素养水平的提升情况，以此督促责任人花费更多的精力用以人才的培养方面，为其发展提供广阔的发展空间；所谓人力资源责任制，主要指的是企业将内部整体的会计人才构成作为单独的考核指标，制定年度、季度、月度会计人才的招募与培养计划与目标，促使人力资源部们可以将更多精力用来招募与培养优秀会计人才；所谓会计人才自身责任制，主要指的是当企业会计人才得到足够的资源与政策支持后，应当发挥自身的主观能动性，制定与会计人才相关的具体责任，要求会计人才能够合理高效地运用企业资源的同时，也承担起相应的结果，或是必须实现的工作目标，从一定程度上促使会计人才可以科学合理地对资源加以充分运用。举例说明，当人力资源部门为会计人才安排了提升素质的相关课程，需要其能够准时参加并以最终的结课考试成绩作为绩效考核指标。

（三）划拨专项培养资金

各类资源的投入是企业会计人才培养的重要条件，特别是作为主要资源的企业资金投入，因为企业会计人才培养政策的实施与目标的实现均离不开企业的资金支持。这笔资金大部分情况下是用于企业中会计人才培训的，这主要源于企业内部会计人才素质参差不齐，而通过专业的培训，使得企业内部会计人才的专业能力与综合素质得以提升，从而满足时代发展对于人才的需要，新时代要求会计人才具有灵活运用各类先进技术手段的技能，紧跟科技发展的步伐，只有如此，财务才可能确保企业各项创新活动得以顺利开展，企业为了促使会计人才的综合素养得到提高，为其提供资金支持用于国际性交流与社会再培训，从而促使企业实现持续发展；为企业会计人才设立专项创新资金，支持他们在资金募集、会计结算等专业领域提出具有一定创新性、可行性的建议，以此来提高会计人员的工作效率，拓宽募集企业资金的渠道，在促进企业发展的同时，也使得自身的能力、经验与眼界得以不断提升、丰富与拓展。

（四）建立一种行之有效的奖励和制约措施

1.要建立一套完善的企业业绩评估制度

针对不同的工作需要，结合企业的具体情况，制定并确定对经理人员的考评方法和内容，实行"一司一策"，实行"一人一约"。对股东的评价是股东的责任，评价的重点是股东意愿，掌握股东的策略以及业绩的评估。公司高层经理的考评是公司的董事会，其主要工作是通过董事会的决定来实现公司的运营指标，以及公司的绩效指标。对监事会的考评应采取以目标管理的方法进行，主要是每年一次的考评。

2.加强奖励

在加强绩效的基础上，通过基薪、绩效工资、福利工资等结构调整，不断改进绩效管理。根据企业所在行业、企业情况和工作岗位的特征，制定相应的工资水平，直接与企业的经营绩效相结合。要注重在中长期内对企业管理人员进行培训和激励。完善期权和期股激励的具体实施方案，对股权激励对象的离职实行一次激励。探讨长期的安全激励机制。加大对员工奖惩等非经济奖励，进一步调动了公司管理者的工作热情和积极性。

3.制定专业技术人员的业绩评价体系

要进一步改进人才管理方法，特别是在公司的核心岗位中具有突出贡献的专业技术人才、管理人才和具有独立知识产权、具有项目核心技术、具有独特技能等能为企业带来较大效益的高素质人才，可根据其工作需要及实际发挥作用，针对专业特点、工作性质及难度、岗位类型，在完善内部绩效考核的基础上，可实行效益工资提高人才激励成效。在确保技术人员的基础工资和国家、省、市规定的补助的基础上，通过认真的评估，从实际收入中扣除。

4.建立一套体制制约机制

根据公平、高效、制衡的原则，进一步健全公司的管理体系，细化工作职责，并对公司的决策过程和特定的业务过程进行规范化。对业主代理的决定实施全程跟踪。实行全面预算管理，强化任期审计，年度审计和特殊审计，强化对公司经营管理的全流程监控。要严格执行合同中的奖励和惩罚。

物质奖励是一种最基础的激励方式，它能使职工过上"柴米油盐"的日子。马斯洛的"需要等级"说，在满足生理和安全的需要以后，人类的更高的要求也就是心理的需要。目前，某企业的财务公司面临的现实问题是，对企业的激励仅限于物质层面，而缺乏对员工的精神层面的鼓励。所以，企业在实施人力资源管理的过程中，应该采取物力和财力两方面的综合作用；根据员工的不同需要，改善其工作表现及工作满意程度。

（五）建立职工的公司归属意识

1.保证工资的稳定

根据权威部门20多年来的调查数据显示，在工作类别中，雇员的报酬是最主要的工作表现。因此，工资水平直接关系到雇员对工作的满意程度以及对公司的归属。公司的薪资制度不仅要具备吸纳高素质人才的能力，而且要有足够地保障和稳定的挽留能力。建立一种良好的公司文化环境，必须在薪酬体系中调整，使其获得足够的安全保障。基础报酬与高稳定的保障待遇特征，在培养雇员的归属感方面起到了重要的促进作用。

2.增强对心理的关注

企业不仅要用工资机制来对员工进行奖励，还要从心理层面去关心，让他们体会到企业对他们的关心、信任和尊重。与此同时，公司还要为员工营造一个公平、和谐、健康的工作氛围，让员工感到公司就像是一个家，充满了温馨与归属。在国有公司里，工会的工作，最大的作用就是给职工们提供心理上的帮助和关爱。国企积极组织各种文体活动，关注职工的思想、工作、生活，组织职工休养，关怀生病和困难职工，让职工从身体和精神上感到温暖。很多公司还设立了"困境救助"基金，为家庭突然发生的突发事件提供心理安慰和财政援助。

3. 设立一套内部提升系统

国企的高管一般都是循序渐进的提拔，一般都是在某一公司或者某一门工作数年，表现突出的人才能被提拔为经理，凭借着自己的优异表现，获得社会地位、高额收入和事业成就。另外，如社团保险、退休保险、社会荣誉等非现金收入，也会因职位提升而大幅增长。在国有企业中，员工的内部升迁体系包括技术工人和经理员工，这些员工可以通过多种途径来实现自己的事业目标。在国有企业中，实行"内部提拔制度"是一种行之有效的奖励机制。

"引进、培育、保留"的经营理念是公司实施人才的根本，而在制定人才的激励机制时，必须确保该机制是完全开放的，使各行业的人才能够在同等的条件下进行合理的竞争。为此，必须坚持"公平、公正、公开"的管理理念，合理地选择和使用专业人才，实现专业人才规范、透明和合理的管理。

职业生涯规划是一个不断、有系统地规划自己的事业和生活的过程。一家公司的金融部门应该将员工的理想和公司的长远发展计划相结合，作为未来的发展计划。高学历、高能力的专业人员具有较高的学历和能力，他们对自己的需求和对自己事业的追求更高，而这些高水平的职业发展则是个人自我实现的一个主要方式。企业要吸引和保留专门的人才，必须要对其进行全面的认识，注重挖掘其潜能，为其提供富有挑战性的工作；为其提供一个成长与发展的舞台，提升其对社会的满意与归属。

人力资源的关键在于对其进行有效的激励。特别贡献率等评估因子决定了企业的激励程度，根据差别性的激励，进行工资结构的合理地调整和合理的报酬标准制定，使分配中的"按劳分配、按质论价"得到真正的实现。人力资源是企业可持续发展的关键，因此，企业人力资源的开发必须遵循"动态化"的管理理念。在不同的发展时期，公司对人才的需求也是不一样的。个人技术技能、工作要求、绩效评估等状况需要随着公司经营的发展而持续地进行。为此，企业要构建一种"能者上，庸者下"的良好环境，构建一种"能者上，庸者下"的社会环境。

企业发展的中流砥柱以及主体员工是企业的专业型人才。对他们而言，本身正处于事业的上升阶段，若想始终保持自身的核心竞争力就需要不断的学习，故此，该群体具有一个鲜明特点便是具有强烈的自主学习意愿。结合这一特点，企业可以以此作为选拔人才以及培养人才的判定标准，并为其制定相应的培养计划，其中以吸引、拓展与培养作为主要的理念。通过各类政策的制定激励员工的工作热情，并不断完善对专业人才的培养。为优秀的专业人才创造更多的学习与锻炼机会，让他们能够在不同的部门积累丰富的实践经验，以及提高个人的专业能力，促使他们成为公司所需的"多面手"，以便更好地适应瞬息万变的金融业务发展需要。

为了满足企业专业人才的各种基本需求，企业应当制定出相应的隐形薪酬福利政策，最大限度地考虑专业人才的现实需求，并且在绩效考核中建立相应的奖励机制，以此来不断地激励专业人才为工作作出更大贡献，从而在一定程度上提升员工的生活质量与工作质量。举例说明，国联财务有限责任公司提倡员工报考各类职称考试、银行业职业资格以及学历提升等方面的考试，并由此对通过考试员工给予一定的奖励。国电财务有限公司根据企业内部各部门的工作属性，制定出具有较强针对性的考核制度，划小考核单元，尽量做到精准考核、客观公正、科学评价工作实绩。

公司积极鼓励与引导专业人才考取各类与本专业密切相关的具有一定含金量的金融证书，诸如注册金融分析师（CFA）、金融风险管理师（FRM）、注册会计师以及各类标准化资格认证等。对于那些需要参加考试的员工，公司应当为其开辟备考休假绿色通道，员工可以凭借考试通知以及准考证等凭证，获得公司给予的备考休假等隐性福利，与此同时，为员工报销相关考试费用。

对于在企业表现突出的优秀专业人才，公司应当给予荣誉奖励，一般来说，这些表现既包括参与课题研究、撰写并正式在集团刊物或者行业领域期刊发表过，以自身专业领域或是财务公司行业发展为主题的研究文章，同时又包括参加系统、行业内部或者上级组织的专业比赛等。公司依据具体等级对员工给予相应的奖励，这些奖励形式与内容最终由公司高层决策机构确定，通常来说，同一作品获得不止一个奖项，那么按照最高级别奖项给予奖励，评选部门若是已经给予奖金鼓励，对于那些低于公司标准的，应当补足差额，若是评选作品有多人参与，那么按照作品参与比例进行合理分配。

（六）事业激励

1.制定科学职业规划

对于企业管理者而言，在对企业创新型人才制定相应激励政策之前，需要有相关的工作人员出面积极主动地与创新型预备人才或者人才展开交流与沟通，全方位地掌握他们现阶段的创新能力水平与业务能力水平等情况，对创新型人才的职业发展需求能够做到了如指掌，进而以激发企业员工创新能力与创新意识为目标，制定针对性较强的中长期与短期的职业发展规划，在一定程度上激励企业优秀员工不断进步与成长。具体来说，企业基于员工存入的电子信息档案，结合员工在日常工作中的具体表现，以及其在创新型人才选拔测试中的成绩，为员工制定不同阶段的职业发展目标，并在实际执行过程中对该目标进行逐步细化，其中包括到达该阶段目标的必备条件以及时间限制等。企业在这个过程中逐渐实现创新型人才培养与激励机制的常态化，自觉地将员工创新思维与创新能力的培养纳入到其具体的职业发展规划之中。

2.提供更多晋升渠道

创新型人才需要不同形式的晋升渠道，要想不断激励创新人才，使其在自身的工作领域取得创新成就，就应当在日常工作中对其表现给予充分肯定与认可，使其产生一种强大的自我驱动力，从某种意义上来说，这也是人才激励行之有效的方法与措施之一。具体来说，若是企业部长级管理人员在企业人才绩效考核中，连续两次考核不通过，便要立即调离管理岗位，重新回到基层进行一线工作，之后企业会从基层岗位中择优选拔适合该管理岗位的人才担任这一职位，选拔的管理人才需要具备一定职业素养、管理能力以及创新思维等；而对于那些促使工作效率得以提高，企业成本得以节约的优秀人才，以及在管理与技术等领域表现突出的优秀员工，企业可以将其破格提拔为管理人员。此外，企业为了使得管理更加细致到位，可以将一些部门的管理岗位进行细化。比如，基于现有技术部门与项目部门技术总监岗位的设置，再设置能够起到一定辅助作用的副职岗位，进而为创新型企业人才的晋升打通通道，进而在一定程度上激励员工充分发挥自身的主观能动性，使得人才激励机制取得良好成效。

（七）精神激励

精神激励又称荣誉激励。也就是说，企业通过授予员工荣誉证书的方式对员工在实际工作中的表现给予充分的肯定与认可，在一定程度上促使员工获得企业归属感与认同感，进而最大限度地增强员工的创新意识与提升员工的创新能力，更好为企业创新发展贡献力量。通常来说，企业会通过年会公开投票的方式，将企业内部最具创新意识与创新能力的优秀人才选举出来，或者以日常工作表现优异者作为企业员工的优秀代表，给予物质以及精神上的激励，如通过企业内部微信公众平台，开设"企业年度优秀员工优秀展播"专题活动，定期播放优秀员工的光荣事迹，激励企业内部各个岗位的职工，学习其优良品质以及专业精神，尤其要对具有创新成就的员工给予表彰与奖励，从而营造出一种奋勇争先的良好氛围，在工作中彼此影响，相互促进，使其逐渐朝着企业所需的创新型人才方向不断发展。

（八）文化激励

文化作为企业发展的重要因素，关系到企业员工能否对公司产品、业务以及同事之间的相处模式达成共识，并使其在具体的工作中指导与规范员工行为，更好地为企业发展贡献自己的力量，最终高效地实现企业发展目标。故此相对舒适、宽松与自由的工作氛围尤为重要，为了使得员工的工作效率与质量在一定程度上得以不断提升，企业可以考虑适当增加弹性工作的空间与时间，促使员工的自主性与创造性得以最大限度地发挥。以美国谷歌公司为例，企业为员工创造了良好的办公环境与休闲空间，包括各种丰富的零食、饮料等，还有诸如健身房、按摩房、人性化的休息室，帮助员工消除工作中的疲劳，放松身心，并且设置了相对宽松舒适的工位，让员工能够在良好的环境下，全身心地投入到工作中去。同时，企业还可以鼓励员工将自己喜爱的东西以及喜爱的明星海报等摆放在工作区内，进行大胆的个性化展示，张扬员工个性，进而在一定程度上激发出员工的创造性。

除此之外，公司为了给员工营造相对轻松、愉悦的办公环境，还可以在时间支配方面给予一定的自由度，让他们充分利用这一自由时间，与公司高层管理者通过网络等信息技术手段进行有效沟通，让领导了解员工在薪酬与激励政策方面的真实想法，促使公司进行高效管理，从而为企业创造巨大的经济效益。而这一理想目标的实现，需要轻松自由的企业文化与工作环境，只有如此，员工才能充分激发自己的主观能动性与创造性。由此可见，企业要想实现长效稳健的发展，就需要大量创新型人才为其创造价值。故此，企业应当充分重视创新型人才的挖掘与培养。在人才选拔过程中，企业管理者应当从不同角度对人才进行考察与评判，诸如胆识、智商、情商以及创造力等方面，运用不同的测验方式，并且采取企业外部与内部两步走的方式进行人才的选拔。在创新型人才培养的过程中，企业应当制定各种规章制度以及建立人才培养机制，在具体的培养过程中不断探索新的方式与途径，并做好人才培训监管工作。在人才培养与激励过程中，需要企业通过各种方式增强创新型人才与企业之间的黏性，如通过精神激励、事业激励以及薪酬激励三者相结合的方式等，可以说，企业的可持续性发展是在企业不断强化创新型人才力量的基础上得以实现的。

第七章　结论与展望

第一节　结论

本书立足大数据时代背景，结合企业会计相关理论，对大数据时代企业会计创新策略展开了深入的研究，得出以下几点结论。

（1）大数据对企业会计具有重要影响。具体表现在以下三个方面。

①大数据影响企业会计环境，包括外部宏观环境，也包括内部微观环境。

②大数据影响企业会计信息，包括会计信息质量、会计信息收集方式和收集成本、会计信息存储、会计信息分析、会计信息的输出与应用。

③大数据影响企业会计价值创造能力，即为会计信息的使用者决策提供更高的参考价值。

（2）大数据时代企业会计创新具有重要意义。

①从理论意义角度来说，大数据时代企业会计创新有利于进一步完善会计理论体系，促使我国从实际出发探索出适合中国国情的会计理论并制定出完整的中国特色会计制度，从而促进会计领域在我国的发展。

②从现实意义角度来说，大数据时代企业会计创新有利于技术发展、企业发展和社会发展。

（3）大数据时代企业会计创新包括四个方向：一是财务会计创新方向；二是管理会计创新方向；三是财务会计与管理会计融合发展方向；四是会计人才队伍建设创新方向。

（4）大数据时代财务会计创新包括财务会计目标创新、财务会计信息化建设创新和财务会计报告创新三个方面。

①企业财务会计目标创新是实现财务会计定位的转变，从一个被动的信息提供者转变为一个主动的信息挖掘者，更加贴近信息使用者对于企业经营信息的需求。具体的创新策略包括改善财务会计环境、及时更新相关的会计信息、细化财务会计信息需求主体。

②企业财务会计信息化建设创新是为了进一步提高企业财务会计信息的价值，摆脱数据分析的人为主观影响，简化会计人员工作。具体的创新策略包括加强信息化建设意识、应用云会计、加强企业信息化环境建设。

③企业财务会计报告创新是为了更好地向报告使用者进行信息的展示，提高报告的质量。具体的创新策略包括明确财务会计报告使用目标、重塑报告主体内容、提高会计报表可靠性、采用可视化财务会计报表工具。

（5）大数据时代企业管理会计创新包括业财融合创新、预算管理创新、成本管理创新和风险管理创新四个方面。

①企业业财融合创新是为了实现业务和财务的深度融合，让财务更好地服务于业务决策。具体的创新策略包括改善业财融合环境、提高业财融合的协同程度、建立完善的业财融合信息化系统。

②企业预算管理创新是为了更好地履行企业管理会计的规划职能，实现预算方案编制的精细化，并加强企业预算方案的执行效果。具体的创新策略包括创新预算管理体系、创新预算管理方式、创新业财融合预算管理系统。

③企业成本管理创新是为了更好地履行企业管理会计的控制职能，降低企业各项成本，扩大企业利润空间，分为组织成本管理创新、生产成本管理创新、投融资成本管理创新三个板块。具体而言，实现组织成本管理创新要从优化组织结构设计、提高员工与岗位的匹配度、控制组织实践成本、提高组织工作积极性入手；实现生产成本管理创新要从采购环节、运输环节、库

存环节和生产环节入手，贯穿企业生产经营的全过程；实现投融资成本管理创新要从升级企业投融资管理平台功能、保障投融资双方财务数据共享安全、加强企业投融资数据后续管理入手。

④企业风险管理创新是为了提高企业识别风险、应对风险的能力，帮助企业将风险损失降到最低。具体的策略包括创新企业风险管理系统、建设全面风险管理体系。

（6）大数据时代企业财务会计与管理会计融合发展包括技术融合、工作融合、管理融合三个方面。

①技术融合就是要构建数智化的财务体系，实现对企业各项业务的实时管控，随时获取相对应的信息，提高会计信息的真实性与准确性。具体的策略包括不断完善企业会计制度体系；发挥信息技术在财务会计与管理会计融合中的作用；采用全面预算管理的形式；实现信息共享，推进企业全过程控制；与政府信息互联互通；打破接受会计服务的地域界限；以管理会计为核心，实现财务会计与管理会计的目标融合；多角度强化融合方式，提高财务管理水平；规范信息披露标准，夯实审计责任；数据融合，推动企业发展；报表融合，提高信息质量。

②工作融合就是要重塑会计工作流程，实现会计工作的整体优化，全方位提升会计工作品质。具体的策略包括深化思想认知，树立正确的管理会计与财务会计融合理念；不断提高会计人员的综合素质；加强对数据的运用。

③管理融合就是要健全财务管理制度，从制度层面对财务会计与管理会计的工作职责进行统一，二者实现数据共享、工作协同，共同为企业信息使用者提供更加优质、全面的信息，提高企业决策的科学性与正确性。具体的策略包括完善财务管理中的会计制度；贯穿于财务管理的整个阶段；构建组织责任中心；构建完善的会计融合制度；促进业财融合；加强安全建设；加强团队建设；构建融合制度体系；完善立法体系，加强创新实践；重视预算

控制，充分发挥融合发展模式的风险管控功能；重视会计制度体系的完善。

（7）大数据时代企业会计人才队伍建设是为了打造一支高水平的会计人才队伍，保障企业会计创新工作的顺利开展，提高企业会计工作的质量，更好地为企业发展服务。为此，企业根据大数据时代企业会计人才队伍建设的目标与原则，从人才选拔与培养、人才考核与激励方面开展会计人才队伍建设创新。

具体来说，人才选拔策略包括完善会计人才引进和培养机制；重视人才、留住人才；选拔测试需多样化；内外人才同步选拔。人才培养策略包括强化职业道德培养；提高创新能力；培养终身学习观念和快速学习能力；提高职业判断能力；强化专业知识的学习；培养会计人员的制度建设；制定培养人才的特定方法。人才考核策略包括完善考核标准及内容。人才激励策略包括制定科学的激励机制；设定人才培养责任制；划拨专项培养资金；建立一种行之有效的奖励和制约措施；建立职工的公司归属意识；事业激励；精神激励；文化激励。

第二节　展望

一、会计智能化发展展望

（一）会计呈现智能化发展趋势

当代世界，竞争、科技和全球化之力不可阻挡地汇聚起来，激发出伟大的创造。我们天天可以目睹新概念、新发明、新规则正在以令人难以置信的方式重构我们这个世界。

现阶段，不仅大数据技术如此，人工智能、物联网、区块链等下一代数字技术发展也呈现出高频创新趋势，数字技术融入实体经济已经带来颠覆性创新并推动数字经济发展，主要表现为四个趋势：一是大数据与人工智能相结合人为地制造新生产要素；二是万物互联，正建设经济发展新基础设施；三是平台型组织在我国的产生和迅速发展，正激发着发展的新动力；最后再加上去中心化区块链和云计算相结合，正酝酿着全新商业模式。

全面信息化时代下，所有工作对会计信息的要求越来越高，会计工作也愈加重要，繁杂的会计数据都需要通过计算机来进行处理，因此加快会计信息化的发展是符合信息技术发展趋势的。除了大数据技术，人工智能技术在会计领域也产生了非常显著的作用。当前人工智能技术已经取代了会计行业中传统、简单且重复性强的基本会计工作，会计的作用已经不只是记账，人工智能信息技术的进步给会计学科带来了更加广阔的科技发展空间，它还使财务工作人员摆脱了大量重复性记账和其他低附加值的劳动，而更加深刻地实现了信息判断和战略管理的职能，并利用会计数据来支持生产效率和市场竞争力的提升。

会计随着人工智能发展，进入了一个新时代。"智能＋会计"模式会引领企业会计组织方式、工作流程以及具体工作内容等方面的变革，并以大数据会计为基础，进一步提高会计工作自动化与智能化水平，继而促进企业财务工作质量与效率的全面提升。

首先，会计智能化的发展能够让财务会计的处理更方便。财务会计大多为反复出现的日常行为，人工智能会使得财务会计处理起来更加方便快捷，费用也会随之降低，它的从业人员也会随之大大减少。

其次，会计智能化的发展能够推动管理会计和企业其他系统的整合，强化企业日常运营管理。人工智能必将推动管理会计向更高层次迈进。最后，会计智能化的发展能够提升会计信息输出质量，增加财务报告的真实性和可靠性，同时把更多信息融入会计报表或构建更加高效的立体会计报告模型，例如人力资源、企业社会责任以及绿色环境方面的信息，这些信息如实地反映了企业所处的情况。

（二）会计智能化发展趋势特点

以人工智能技术和大数据技术为支撑的会计智能化趋势会呈现出如下特点，如图 7-1 所示。

以大数据为
依托

会计工作的重心
转移

会计工作仍离不
开人为的控制

会计工作和其他
部门工作深度融
合

图 7-1　会计智能化发展趋势特点

一是以大数据为依托。信息以及数据都是人工智能进行分析处理的目标，这个时候会计工作就以伴随着企业所有生产活动中对数据以及信息进行采集为前提。它既包含财务数据又包含较多的非财务数据及其他资料，它为进行各种有关的分析与处理提供了依据。

二是会计工作的重心转移。当今向外的财务会计为各方重点研究对象，今后反复出现的确认、计量、记录与报告都要通过人工智能来进行加工，会计就成了统领企业一切活动的"中枢"与"大脑"，对内部的管理会计工作也会日益受到重视，并逐步由以往协助企业进行各种生产经营活动向引导企业进行经营管理活动方面转化，会计工作的地位有了很大的提高，在企业中成为核心系统并起到了较为积极的影响。

三是会计工作和其他部门工作深度融合。这种整合不仅是为了收集、加工数据、信息，还是为了利用数据、信息，或者为了获得它所带来的种种方便，更为了满足企业在各个方面的发展，人工智能技术使会计融入到企业内外各系统中，会计工作会深入到企业的各种经济活动中去，强化了企业各种经营管理活动事前分析、事中控制。

四是会计工作仍离不开人为的控制。在人工智能蓬勃发展的今天，企业把更多会计业务移交给智能机器人来完成，但是规律性不强、重复性差的任务仍需手工完成。并且，即使智能机器人能逐渐代替会计人员从事更多的会计工作，也还是需要人类对其工作进行实时监控与最后的检查。

（三）会计智能化发展趋势应对

鉴于上述会计智能化趋势与特点，要求企业、研究机构与国家共同合作，才能更好地适应时代潮流。

站在企业的立场上，我们应该高度关注人工智能在会计领域的发展和运用。技术研发企业一方面应充分认识到会计尤其是财务会计所扮演的角色与职能，在现代社会中所占据的位置以及长期发展的趋势，并与实际工作相结合，积极评价人工智能技术在其他方面的最新应用，如有许可，对人工智能技术进行改进，并将人工智能技术普及到会计实务当中去，并反复观察，以便做出进一步改进和完善。另一方面技术应用企业应积极转变思路，推动人工智能技术在企业会计工作中的普及与应用，不仅要实现企业各部门之间的系统协作，还要加速与商业伙伴的紧密联系，同时也得到了其他外部利益相关者的大力支持，达到了较好的技术应用效果。

在研究机构方面，应深化人工智能技术在会计中的应用理论研究，强化前瞻性与交叉性理论研究。实际上，人工智能时代在财务会计信息的使用者、对象、假设等会计基本方面可能会发生改变，有许多问题需要我们去研究，要求高校等科研机构对该技术应用的实现给予理论指导。

在国家层面，应完善会计准则制度。人工智能时代下的经济业务愈加复杂和多变，会计准则需要为此进行修改。一方面是对经济业务长期发展状况的判断，使得制定出的会计准则更具前瞻性与系统性；另一方面必须坚持目标导向、原则导向，才能在把握经济业务本质的前提下制订出优质的规范，也才能用原则性的办法来处理经济业务的变化和发展。

综上所述，智能化、大数据化并不是会计工作的结束，而应该是全新的开始，会计即将步入一个全新的年代，各个方面的探索和研究工作都急需展开。在这种情况下，各行各业应未雨绸缪，采取积极措施应对会计智能化时代。

二、新时代会计人才培养展望

（一）新时代会计人才培养目标展望

当今时代，以大数据、人工智能、移动互联网、云计算等为代表的信息技术已充分融入到社会生产生活中，会计学科未来的发展也正在受到人工智能与大数据等技术的影响，今后会出现如下四个主要发展趋势，分别是会计工作智能化、业财融合一体化、财务信息共享化、审计工作线上化。针对这些趋势，会计人才的培养目标也要不断更新。

第一，会计人才要熟练掌握管理会计知识。随着时代的进步，人工智能大数据环境下核算型会计人员越来越少，善于管理的人应成为社会的迫切需求，管理会计也将变得更加重要。

第二，会计人才应掌握大数据分析及人工智能应用技术，智能化变革是在数据、算法及算力支持下进行的，同时财会及数据、算法之间存在着自然而密切的联系，且总是以价值为纲，在数字化与智能化转型日益深入的今天，数据与算法的开发必会赋能或者延伸财会智能，财会也将变得越来越重要，所以这是在当前会计智能化和大数据化的发展趋势中，财会人才必须具备的能力。

第三，会计人才应善于表达财务决策文本，向企业决策层与管理层展示会计信息分析结果，以及会计人才应该具备哪些核心素质。

（二）新时代会计人才培养实践展望

当前，国内已经有高校启动这类会计人才培养计划并组建了专门教改小组全方位提升学院专业及人才培养方案，满足这类会计人员转型需求。

1.在学科层面上增加智能会计方向

智能会计就是把人工智能、大数据、云计算、区块链等信息科技及数字资源与会计财务管理进行整合，并通过建设或使用数字化服务平台及智能化管理决策支持系统，进而促进会计与财务管理工作效率与成效的提高，扩大与实现会计财务职能与战略价值。

智能会计的发展是以专业为主导，通过人工智能及其他信息科技为专业工作赋能，旨在更好地实现会计与财务管理的作用与决策价值，继而推动信息反映、监督控制、决策支持与价值实现。智能会计专业定位在培育充满人文精神与科技洞见的人才，能洞悉并实现智慧、时代财务等战略价值并具备全球竞争力与社会责任担当，能领导社会进步与产业发展的跨界复合型高级会计人才，是未来商业领导者。精心构建专业引领、数据驱动、智能实现"会计＋大数据＋人工智能"协同创新课程体系来支撑能力与素质要求，达到会计与财务智能化的培养目标[①]。

2.在会计教育课堂教学中引入智能化设备

每个时代的变革实质上也就是新知识体系塑造与能力培养之间的变革。把智能化设备带入会计教育课堂，旨在使学生激发学习智能化的兴趣，并且感兴趣于智能化在会计上的基本运用，学习使用智能化，对智能化应用下新型会计劳动力角色定位进行剖析。介绍智能化教育并不是简单地将有可能由机器人替代的技术难题教给学生，而是要想方设法通过教育与培训来提升学生在智能化应用方面的创造力与较高解决问题的能力。

在以往分工型工业社会中，我们形成的资料大都比较零散。人工智能将培养具有创造力的新型会计人才培养，使其学会运用人工智能技术解决定性信息的加工与处理难题。

未来智能社会主流工作方式是会计人员智慧加机器智能即定性加定量，以实现新型社会会计价值。人工智能还要求大学在教育上安排的任务不只是简单地答题，而是要学生问出一流的题目。会计教育重点要从解答的价值转向提问的价值，使学生发挥自己的想象力与分析能力，促使学生对教师发问，促使学生之间发问，形成宝贵的问题然后学习用智能化来解决问题。解决不了的问题怎么能用人类多元技能来解决呢。会计专业大学生多元技能并不单纯是对会计领域专业知识的掌握，更重要的是要利用彼此关联的知识网络进行多学科并用地思考问题。人工智能社会中未来新型会计劳动力还将成为知识工作者。大学的教育要把他们培养成比较有职业道德、培养成比较客观、有比较丰富的学科知识的人才。

---

① 王爱国，牛艳芳.智能会计人才培养课程体系建设与探索 [J].中国大学教学,2021（6）:34-39.

3.注重对学生交流和学习能力的培养

除了学科知识之外，高校会计教育还应注重帮助学生不断提高沟通能力和信息处理效率效果。

在智能社会中，人类相互之间的合作并未因智能社会的出现而失去用武之地，而是不断扩大，衍生出新型智能社会中人和机器人合作。培养学生沟通合作能力有利于发展学生与智能机器的竞争能力和协作能力。新型会计人才应该以机器人为伙伴，将人的智能和机器的智能完美融合，达到最强大的竞争力。另外会计的实质就是信息系统，而会计所需要解决的中心问题就是怎样提供优质的资料。未来信息作为经济与社会的核心资源，为了使信息处理取得最佳成效，必须对信息需求者进行深入了解，并按照需求标准进行信息产品与管理会计服务的供给，而这些恰恰需要通过发展复杂沟通能力才能得以解决。

而沟通的复杂能力正是人工智能的不足，人类高级智能的体现。重视持续和快速学习能力的培养，大学会计教育自身是面向会计专业教育的通识教育和为会计职业终身学习做好铺垫、奠定基础的教育。人工智能时代信息社会变革远比互联网时代迅速，除终身学习外快速学习也是必须能力。只有有了迅速学习的本领，才有可能很快地适应并适时变化。而快速学习能力培养，则要求会计教育必须培养学生积极使用互联网搜索能力、链接各类知识能力以及创造力。在人工智能时代，会计从业者既需要学会如何运用人工智能技术又需要从人工智能中汲取经验。这对于快速学习能力提出了更高要求。

4.促进学生工作实践

在此背景下，各高校应为学生实习搭建更加广阔的平台。该实习平台帮助学生现场感受智能化场景，对智能化财务工作有更直观、更具体、更深刻的理解。具体而言，一方面高校可搭建基础实验室的模拟教学环境为学生提供直接运行相关系统和开展实践教学的机会。另一方面高校能够链接到大量的企业资源，其中就包括各个行业中的企业类型及会计师事务所，而这些企业带来的人才培养理念及数字化转型经验将会对智能会计人才进行赋能。

5. 创新会计继续教育

新时期的会计人才培养除了高校人才培养之外，其他已就业的会计人员还需要接受会计继续教育，而继续教育离不开政府的扶持。

就重庆市会计数智化人才培养计划而言，在数智化时代来临之际，RPA作为核心技术财务机器人应运而生。RPA财务机器人使财务人员摆脱了复杂而重复的会计记账工作，使会计人员将更多的时间与精力投入到业务财务工作当中，实现由会计核算型人才到会计管理型人才的培养。当前，我国有很多企业都在着手使用"RPA财务机器人"，使会计人员和财务机器人协同工作。对此，由重庆市财政局领导，重庆财政学校联合重庆理工大学会计大数据智能研究所教授程平的团队启动了重庆市会计数智化人才培养计划，以提升重庆市会计实务工作的自动化和智能化水平为目标，着力于RPA财务机器人人才培养。2021年9月，重庆市会计数智化人才培养计划第一个落地培训项目"财务骨干提高数智化的培训"在重庆财政学校开班，全市机关企事业单位的高级会计师及财务部门的领导，财务部门的业务骨干共50多人参加了此次培训。在为期五天的重点培训期间，受训者将由理论到实操全面掌握RPA技术如何运用于财务工作，研发一款符合本企业财务状况的PRA财务机器人。重庆市会计数智化人才培养计划落地在全国会计数字化人才培养方面树立典范，有利于提升高级会计人才数智化水平。

综上所述，不论是对高校会计专业的学生还是已经就业的会计人才来说，培养数字化和智能化的能力是他们今后发展的方向，会计人才要树立终身学习理念，不断地丰富自己的技能和跟上时代的发展趋势，不仅关系着会计人才本身的专业发展和企业未来的发展，而且还和我国会计体系构建息息相关，更是会计人才价值得以实现的必要途径。

参考文献

[1] 杨启浩，张菊.现代企业财务管理与管理会计的融合发展[M].长春：吉林科学技术出版社，2021.

[2] 王雅姝.大数据背景下的企业管理创新与实践[M].北京：九州出版社，2019.

[3] 蒙圻.管理会计的创新和应用研究[M].北京：北京工业大学出版社，2020.

[4] 王道平.企业经济管理与会计实践创新[M].长春：吉林人民出版社，2020.

[5] 徐炜.大数据与企业财务危机预警[M].厦门：厦门大学出版社，2019.

[6] 陈建明.经济管理与会计实践创新[M].成都：电子科技大学出版社，2017.

[7] 李艳华.大数据信息时代企业财务风险管理与内部控制研究[M].长春：吉林人民出版社，2019.

[8] 倪向丽.财务管理与会计实践创新艺术[M].北京：中国商务出版社，2018.

[9] 钟文静.基于业财融合的企业管理会计信息系统构建研究[D].绵阳：西南科技大学，2019.

[10] 刘玉丽.大数据背景下企业会计信息质量研究[D].北京：首都经济贸易大学，2019.

[11] 周然然.基于财务共享的管理会计信息化研究[D].昆明：云南财经大学，2021.

[12] 陈群娣.财务共享服务下的民航空管系统会计团队建设[D].杭州：浙江工商大学，2019.

[13] 李亚诺 . 酷特公司智能财务体系构建及应用研究 [D]. 青岛：青岛大学，2020.

[14] 于晓阳 . 大数据时代会计信息重构研究：动因、范式与路径 [D]. 北京：首都经济贸易大学，2019.

[15] 李桐瑶 . 大数据环境下企业会计信息化的风险与防控 [D]. 长沙：中南林业科技大学，2020.

[16] 任军 . 基于云会计的企业全面预算管理研究 [D]. 济南：山东师范大学，2022.

[17] 王培 . 大数据在财务管理优化中的应用研究 [D]. 贵阳：贵州财经大学，2020.

[18] 刘欣欣 . 业财融合背景下企业会计信息化研究 [D]. 沈阳：沈阳大学，2021.

[19] 李志学，杜丽丽 . 平衡计分卡与全面预算的整合设计 [J]. 财会月刊，2021（21）：28-35.

[20] 袁广达 . 大数据技术与会计工作关系探究：基于"老三论"视角 [J]. 会计之友，2020（19）：2-9.

[21] 王爱国，牛艳芳 . 智能会计人才培养课程体系建设与探索 [J]. 中国大学教学，2021（6）：34-39.

[22] 冯圆 . 数字化改革背景下的成本管理创新 [J]. 财会月刊，2021（23）：68-75.

[23] 刘光强，干胜道，段华友 . 基于区块链技术的管理会计业财融合研究 [J]. 财会通讯，2022（1）：160-165.

[24] 马森，温素彬 . 基于大数据的电信企业风险管理及应用 [J]. 会计之友，2017（22）：131-136.

[25] 成静，彭代斌 . 大数据管理与会计信息质量 [J]. 中国注册会计师，2018（9）：52-56，3.

[26] 姜文芳 . 浅谈企业融资成本控制与风险管理 [J]. 中国商论，2018（33）：37-38.

[27] 刘梅玲，黄虎，杨寅，等 . 智能财务建设之财务组织规划 [J]. 会计之友，2020（17）：141–146.

[28] 王玉仙 . 管理会计在业财融合中的应用要点与建议 [J]. 财务与会计，2020（16）：71.

[29] 武建华 . 财务信息化共享模式对会计核算的影响分析 [J]. 财务与会计，2021（18）：74–75.

[30] 邱凯，刘李福，张俤 . 小微企业业财融合型共享财务云构建 [J]. 财会月刊，2022（5）：38–46.

[31] 黄海 . 会计信息化下的数据资产化现状及完善路径 [J]. 企业经济，2021，40（7）：113–119.

[32] 夏欣 . 业财一体化背景下企业会计流程再造研究 [J]. 中国注册会计师，2021（6）：94–96.

[33] 程丽媛 . 业财融合下企业管理会计人才培养机制创新 [J]. 财会学习，2021（21）：81–83.

[34] 李昕凝，刘梅玲，钱维娜，等 . 智能财务建设之制度设计与管理 [J]. 会计之友，2020，（18）：146–149.

[35] 张璐 . 新政府会计制度下财务会计与预算会计记账差异探析 [J]. 财会通讯，2021（23）：160–164.

[36] 张秋燕 . 企业融资成本及风险控制管理措施探讨 [J]. 财会学习，2022（1）：112–114.

[37] 徐剑锋 . 浅谈企业"4+1"财务制度体系的设计及应用 [J]. 财务与会计，2017（9）：57.

[38] 马慧，靳庆鲁，王欣 . 大数据与会计功能：新的分析框架和思考方向 [J]. 管理科学学报，2021，24（9）：1–17.

[39] 曲慧鑫 . 新形势下企业管理会计与财务会计融合发展的讨论 [J]. 财会学习，2022（11）：78–80.

[40] 张磊 . 财务共享视域下企业管理会计信息化研究 [J]. 财会通讯，2022(11)：144–149，155.

[41] 张银凤.非同类项目投资会计成本管理分析 [J].中国注册会计师，2018（11）：95-98.

[42] 张秀珍，马英杰.数字经济背景下饲料企业管理会计创新研究 [J].中国饲料，2021（9）：106-109.

[43] 胡蕾，潘学波.家具企业生产成本管理研究 [J].林产工业，2021，58（4）：87-89.

[44] 林钢.试论管理会计与财务会计的融合 [J].财务与会计，2019（20）：48-55.

[45] 夏红雨，刘艳云.论大数据会计 [J].财会月刊，2022（1）：97-104.

[46] 周频：湖北工业大学经济与管理学院.大数据背景下企业云会计运用风险防控：评《云会计实务操作教程》[J].热带作物学报，2021，42（12）：3786.

[47] 马蔡琛，赵笛.预算和绩效管理一体化的实践探索与改革方向 [J].经济与管理研究，2022，43（3）：89-98.

[48] 吴文往.大型企业集团加强财务制度建设策略浅析 [J].财务与会计，2017（19）：61.

[49] 郭超.基于云会计的中小企业投资决策研究 [J].财会通讯，2021（10）：150-153.

[50] 李海涛.中小企业财务会计管理框架及应用探析 [J].中国注册会计师，2022（4）：98-101.

[51] 石旦.数字经济时代财务会计转型分析 [J].老字号品牌营销，2022（12）：100-102.

[52] 陈国钢.企业风险管理与责任会计体系 [J].财务与会计，2022（8）：21-26.

[53] 谷天滨.财务会计及管理信息化建设研究 [J].营销界，2022（12）：101-103.

[54] 蒋雪.对数智化下业财融合的思考 [J].财会月刊，2022（S1）：62-66.

[55] 韩翠芹.财务会计与管理会计的融合发展 [J].投资与创业，2022，33（15）：101-103.

[56] 王玉武.大数据环境下对企业财务会计影响研究 [J].财会学习，2022（23）：1-4.

[57] 邓超. 企业全面预算管理存在的问题及建议 [J]. 财会月刊，2022（S1）：99-100.

[58] 陈殿库. 基于"大智移云"时代的财务会计创新方法探析 [J]. 国际商务财会，2022（14）：44-46.

[59] 陈虎，陈健. 会计大数据分析与处理技术：助推数据赋能财务新未来 [J]. 财务与会计，2022（10）：33-38.

[60] 张晓慧. 大数据背景下财务会计向管理会计转型路径探讨 [J]. 商讯，2022（18）：58-61.

[61] 杨阳. 试论企业传统财务会计流程的再造与优化 [J]. 中国总会计师，2022（7）：133-135.

[62] 康少伟，叶维裕，李毅. 基于大数据的计算机信息处理技术应用与实践：评《大数据技术基础》[J]. 现代雷达，2022，44（8）：126.

[63] 卿静，杨记军. 基于财务共享与业财融合的智能财务系统研究 [J]. 会计之友，2022（20）：118-125.

[64] 储俊，林南祥. 大数据背景下企业存货成本管理优化研究 [J]. 财会通讯，2022（20）：165-170.

[65] 邓毅敏. 大数据时代企业会计人才培养模式改革与创新：评《会计教育教学改革与创新探索》[J]. 商业经济研究，2022（19）：193.

[66] 汪一宁. 新发展理念下高校会计人才队伍建设研究 [J]. 财会学习，2022（27）：84-86.

[67] 梁国栋，夏岳红. 数据驱动企业风险管理 [J]. 企业管理，2022（10）：112-116.

[68] 张明，殷红. 大数据对会计信息质量的影响：基于会计流程再造 [J]. 财会通讯，2018（4）：111-114.

[69] 张玉缺. 云计算下的企业业财融合运作模式研究：以国家电网为例 [J]. 会计之友，2018（24）：58-60.

[70] 赵晶晶. 业财融合视角下企业预算管理优化研究：以 W 公司为例 [J]. 会计之友，2020（19）：75-78.

[71] 孙刚 . 大数据驱动下业财融合导向的管理会计人才培养机制创新 [J]. 财
会月刊，2021（2）：88–93.

[72] 田高良，高军武，高晔乔 . 大数据背景下业财融合的内在机理探讨 [J].
会计之友，2021（13）：16–21.

[73] 章丽萍，孔泽，尹依婷 . "大数据 + 财务"管理会计人才培养与优化路
径：基于能力成熟度模型视角分析 [J]. 财会通讯，2020（23）：158–162.

[74] 张祥艳 . 基于 ERP 的会计业务流程再造优化探讨：以亚新科美联公司为
例 [J]. 财会通讯，2018（25）：109–113.

[75] 闫慧 . 大数据时代企业财务会计与管理会计融合发展路径探讨 [J]. 商业
经济研究，2021（15）：132–134.

[76] 胡朝阳 . 大数据与企业会计业务流程重构探析 [J]. 财会通讯，2018（7）：
102–106.

[77] 王梦媛 . 业财融合管理会计框架研究：基于"互联网 +"背景 [J]. 中国注
册会计师，2020（1）：107–110.

[78] 丁文将 . 基于流程管理的企业会计流程重组探析 [J]. 财会月刊，2017（4）：
34–39.

[79] 张新成 . 大数据时代财务报告质量提升路径探析：基于会计流程再造 [J].
财会通讯，2017（4）：108–110.